تقرير معلومات

(3)

أثر الصواريخ الفلسطينية
في الصراع مع الاحتلال الإسرائيلي

مدير التحرير
محمد جمّـال

رئيس التحريـر
د. محسن صالـح

هيئـة التحرير

ربيع الدنّان
وائل وهبة

باسم القاسم
محمد بركـة

قسم الأرشيف والمعلومات
مركز الزيتونة للدراسات والاستشارات
بيروت – لبنان

Information Report (3)
The Impact of Palestinian Rockets on the Conflict with the Israeli Occupation
Prepared By:
Information Department, Al-Zaytouna Centre
Editor:
Dr. Mohsen Moh'd Saleh
Managing Editor:
Mohammad Jammal

حقوق الطبع محفوظة

الطبعة الأولى

2008 م – 1429 هـ

بيروت – لبنان

ISBN 978–9953–500–28–7

مركز الزيتونة للدراسات والاستشارات

ص.ب: 14–5034 بيروت – لبنان

تلفون: 644 803 1 961+

تليفاكس: 643 803 1 961+

بريد إلكتروني: info@alzaytouna.net

الموقع: www.alzaytouna.net

تصميم الغلاف:

الحارث عدلوني

تصميم وإخراج وطباعة:

Golden Vision sarl +961 1 362987

المحتويات

مقدمة

بعد فشل مفاوضات كامب ديفيد التي استمرت من 11–2000/7/25، بين رئيس الحكومة الإسرائيلية حينها إيهود باراك Ehud Barak والرئيس الفلسطيني الراحل ياسر عرفات، برعاية الرئيس الأمريكي بيل كلينتون Bill Clinton، دخلت القضية الفلسطينية مرحلة جديدة، كان أبرز وجوهها اندلاع انتفاضة الأقصى؛ حيث كانت الخطوة الاستفزازية التي قام بها أريل شارون Ariel Sharon بزيارة المسجد الأقصى الشرارة التي أدت إلى اندلاع هذه الانتفاضة.

تميزت هذه الانتفاضة عن انتفاضة 1987 في أساليب المواجهة مع الاحتلال الإسرائيلي؛ حيث باتت فصائل المقاومة الفلسطينية أكثر تسلحاً وأكثر خبرة في استخدام أنواع مختلفة من السلاح، بل تعدّى الأمر إلى عملية تصنيع بعض الأسلحة المستخدمة ضدّ الاحتلال، كان أبرزها الصواريخ على اختلاف تسمياتها.

شكّل يوم 2001/10/26 نقطة تحول في تاريخ المقاومة الفلسطينية؛ حيث سقط في هذا اليوم أول صاروخ محلي الصنع داخل مستوطنة سديروت، التي تبعد عن قطاع غزة نحو ميل (1.6 كم)، وقد تبنت كتائب الشهيد عز الدين القسام، الجناح العسكري لحركة حماس، إطلاق الصاروخ الأول الذي أسمته صاروخ "قسام 1"[1].

شكلت الصواريخ الفلسطينية منعطفاً مهماً في أبجديات الصراع الفلسطيني الإسرائيلي، على الرغم من أنها بدائية وبإمكانيات محلية، حيث وصفت مجلة التايم Time Magazine صاروخ القسام بأنه "الصاروخ

البدائي الذي قد يغير الشرق الأوسط"[2]. في حين عدّته شبكة "سي. إن.إن" الأمريكية أنه "الورقة الشرسة في الشرق الأوسط"[3]. بينما رأى تقرير صادر عن "مركز المعلومات حول الاستخبارات والإرهاب"، وهو مركز يتبع المخابرات الإسرائيلية، في 2007/12/14، أن ضرر الهجمات الصاروخية الفلسطينية "لا يعدد بأرقام القتلى والجرحى فقط، أو بحجم الأضرار والخسائر المادية فقط، حيث يؤدي الإطلاق الصاروخي المتواصل إلى تأثيرات وانعكاسات سيكولوجية متراكمة على السكان، ويمسّ بصورة خطيرة بالشعور بالأمان لدى حوالي 190,000 مواطن، يعيشون تحت تهديد إطلاق الصواريخ وقذائف الهاون"[4].

لقد باتت الصواريخ الفلسطينية وسيلة جديدة لإلحاق الأذى في صفوف الاحتلال، وإرباك المجتمع الإسرائيلي ودفعه إلى الرحيل، حيث أوضح القيادي في حركة حماس محمود الزهار، خلال مقابلة مع مراسل صحيفة صانداي تيلجراف The Sunday Telegraph تشارلز ليفنسون Charles Levinson، في 2007/8/21 أن حماس تفضل الهجمات الصاروخية على العمليات الاستشهادية لأن الصواريخ تتسبب في الهجرة الجماعية، وتؤدي إلى نشر الفوضى في الحياة اليومية الإسرائيلية وفي الإدارة الحكومية وتحدث أثراً كبيراً[5].

ليس ذلك فحسب، بل بات إطلاق الصواريخ ووقفها الشرط الأول في الحديث عن أي تهدئة، وكانت قضية إطلاق الصواريخ هي الدافع في توجه "إسرائيل" للقبول بالوساطة المصرية من أجل التهدئة، حيث كان الشرط الإسرائيلي الأول هو وقف الهجمات الصاروخية. كما بات "الصاروخ الفلسطيني" المتهم الأول في تخريب العملية السلمية أو عرقلة المساعي نحو المفاوضات. حيث قالت وزيرة الخارجية الأمريكية كوندوليزا

رايس Condoleezza Rice، وهي في طريقها إلى الشرق الأوسط، يوم 2008/3/3 "سأقول للجميع بأن علينا مواصلة العمل، أولاً: للتأكد من أن الجميع يدركون أن حماس تقوم بما يمكن توقعه، أي استخدام الهجمات، الهجمات بالصواريخ، على إسرائيل لمحاولة وقف عملية السلام التي لا يَجْنُون منها شيئاً"[6].

أولاً :
بدايات القدرات الصاروخية الفلسطينية

بدأت المقاومة الفلسطينية تجربتها الأولى لإنتاج صواريخ محلية الصنع داخل قطاع غزة بُعَيد اندلاع انتفاضة الأقصى، حيث أطلقت كتائب القسام، أول صاروخ على سبيل التجربة، بمدى وصل إلى كيلو ونصف، في شهر حزيران/ يونيو 2001. وهنا لا بدّ من الإشارة إلى أن نضال فرحات وتيتو مسعود، من وحدة التصنيع العسكري في كتائب القسام، هما أول من طرح فكرة تصنيع الصواريخ محلياً[7].

بدأت المراحل الأولى لإنتاج الصواريخ بالبحث عن الوسائل والمواد المتفجرة المستخدمة في الصواريخ، وقد واجهت خلالها المقاومة الفلسطينية الكثير من العقبات والصعوبات؛ تمثلت في عدم توفر المواد اللازمة في الأراضي المحتلة، مما حدا بوحدات الهندسة والتطوير التابعة للأجنحة المسلحة للاعتماد على الذات في صناعة المواد اللازمة لصنع الصاروخ[8].

حاول الاحتلال الإسرائيلي منع وصول الأسلحة والمواد اللازمة إلى أيدي المقاومين، من خلال فرض حصار مشدد على الأراضي الفلسطينية، حتى إن قوات الاحتلال قامت بمنع معظم المواد الأولية التي تدخل في بعض الصناعات الفلسطينية، وأهمها مواد "التنظيف" التي يُعتقد أنها تحتوي على مركّبات لها استخدام مزدوج، وتستفيد منها المقاومة في تصنيع المتفجرات. كما أنها حاولت منع دخول بعض المواد التي تُستخدم في الزراعة، وأهمها مادة "اليوريا" التي تعتقد قوات الاحتلال أنها العنصر

الرئيسي في تصنيع العبوات الناسفة. لقد أثَّر ذلك على إنتاج المواد المتفجرة الخاصة بالصواريخ وغيرها من الصناعات القتالية؛ إلا أن هذا التضييق لم يوقف التفكير في استحداث طرق محلية لتخطي ذلك؛ حيثُ تؤكد مصادر في كتائب القسام أنهم لجؤوا حتى إلى رَوْث البهائم لاستخراج بعض الغازات والمواد الكيماوية التي يمكن استخدامها في تصنيع المتفجرات، وقد نجحوا في ذلك[9]. وفي هذا الصدد يؤكد أبو عبيدة أحد قادة كتائب القسام أن كافة الصواريخ مصنعة محلياً، وليست مستوردة، لافتاً النظر إلى الاستغناء عن مادة تي.إن.تي T.N.T، التي تمّ الاستعاضة عنها بمواد مصنعة محلياً وتوازي كفاءتها التفجيرية[10]. بينما ذكرت صحيفة دير شبيغل الألمانية في تقرير لها حول صناعة الصواريخ الفلسطينية، أن المواد الأولية للصاروخ تكلف حوالي 500 يورو. وذكر التقرير أن أحد أفراد تصنيع الصواريخ التابع لحركة الجهاد الإسلامي قال إنهم يأتون بمادة "تي.إن.تي" مِنْ السودان عن طريق مصر عبر الأنفاق، في حين أن بعض المواد الأخرى تَصِلُ بالزورق عبر البحرِ إلى غزة وهي من أوروبا الشرقية[11]. أما تركيبة المواد الأولية المستخدمة في صناعة الصواريخ الفلسطينية، فقد ذكر تقرير لشبكة "سي.إن.إن" الأمريكية أنها خليط من السكر والنفط والكحول إضافة إلى الأسمدة الكيماوية[12].

بدأت صناعة الصواريخ مع حركة حماس، من خلال فريق تطوير الأسلحة في الحركة، وكان الشيخ صلاح شحادة، أبرز مؤسسي الجناح العسكري للحركة، يشرف بشكل شخصي على الصناعات العسكرية، ويوفر للقائمين عليها كل الإمكانيات المادية والتقنية[13]. وقد ضمّ الفريق عدنان الغول، الذي كان من كبار المهندسين العسكريين في كتائب القسام، وكان قد حصل على خبرة واسعة في صنع الصواريخ والمتفجرات، خلال

السنوات الخمسة التي أمضاها في المنفى، حين خرج من غزة سنة 1988 إلى مصر التي قامت بترحيله إلى سورية[14]. ومن مهندسي التصنيع أيضاً محمد الضيف ويحيى عياش وياسر طه وزاهر النصار بالإضافة إلى آخرين[15].

ولم تتوانَ حركة حماس عن إمداد باقي فصائل المقاومة الفلسطينية بتكنولوجيا صناعة الصواريخ، الأمر الذي يؤكده أبو عبيدة كون كتائب القسام، صاحبة السبق في ابتكار تكنولوجيا هذه الصناعة[16].

ثانياً:
بنية الصاروخ الفلسطيني ومراحل تطوره

يَنقسم الصاروخ الفلسطيني إلى ثلاثة أجزاء هي: الرأس المتفجر في المقدمة، المحرك في قسمه الأوسط، بينما يحتوي قسمه الأخير على أربعة أجنحة صغيرة بغية ضمان استقرار انطلاقه، وهو ذو شكلٍ أسطواني مصنوع من مادة الحديد بسماكة تبلغ تقريباً 2.5–3 ملم[17].

شكل رقم (1): صورة توضيحية للصاروخ الفلسطيني [18]

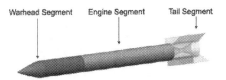

وفي دراسة شاملة صدرت عن "مركز المعلومات حول الاستخبارات والإرهاب" الإسرائيلي حول إطلاق الصواريخ وقذائف الهاون من قطاع غزة على "إسرائيل" من قبل المنظمات الفلسطينية خلال الأعوام 2001–2007، ذكرت أنّ هذه الصواريخ سهلة التشغيل ومريحة النقل والتفعيل التنفيذي. وبينت أن حماس تمكنت والمنظمات الفلسطينية الأخرى من إقامة بنية تحتية تكنولوجية في القطاع، لتقوم بإنتاج كميات كبيرة من الصواريخ[19]. ومما يجمع بين هذه الصواريخ، أنها تصنع في مشاغل بسيطة. وعلى الرغم من أنه قد تمّ خلال السنوات الأخيرة الحصول على مواد متفجرة رسمية (حسب المواصفات المهنية) بحسب

11

ما جاء في الدراسة، إلا أن معظمها ما زال يعتمد على المبيدات الزراعية. ويشرف عليها أشخاص ممن تدربوا على صناعتها في الخارج أو تلقوا التعليمات لصنعها بواسطة مواقع الإنترنت[20]. ويشير تقرير لمعهد واشنطن لسياسة الشرق الأدنى، إلى أن بعض المواد يتمّ استيرادها أو الحصول عليها من داخل "إسرائيل"، أو يتمّ تهريبها عن طريق الأنفاق من مصر. وقد بيّن التقرير في سياق الموضوع، أن الوقود المستخدم في عملية إطلاق الصواريخ يصنع من نيترات البوتاسيوم والسكر[21]. وفي تحقيق أعدّه روني دانييل Rony Daniel، المعلق العسكري في القناة الثانية في التلفزيون الإسرائيلي في 2008/2/22، كشف أن معظم المواد الأولية التي تستخدم في تصنيع صواريخ القسام يجري شراؤها بشكل قانوني من "إسرائيل" نفسها، مشيراً إلى أن الرأس التفجيري لصاروخ القسام يتمّ حشوه بمادة متفجرة تستخلص من مبيدات زراعية، وتحديداً مادة النيترات التي تستورد من "إسرائيل" عبر وسطاء من فلسطينيي 48 أو بشكل مباشر، وقد أوضح أن مادة متفجرة تكفي لحشو رؤوس أربعة إلى خمسة صواريخ قسام، يمكن أن تستخلص من كل كيس من هذه المبيدات[22].

ويلحظ تقرير "مركز المعلومات حول الاستخبارات والإرهاب"، تحسن أداء صناعة الصواريخ، ليقترب من الصواريخ الرسمية، حيث تمّ إدخال كرات حديدية صغيرة فيها حتى يزداد عدد الإصابات البشرية. وتبذل حماس جهوداً خارقة لتطوير تكنولوجيا صواريخها بحيث تصبح ذات مدى أكبر، وتصبح أكثر قدرة على التخزين لفترات طويلة، حتى يصدر القرار بإطلاقها. وقد لفت التقرير إلى أن حماس لا تكتفي بذلك، حيث إنها تهتم باستيراد صواريخ صنعت في مصانع رسمية (في إيران وسورية،

تصل عن طريق الأنفاق عبر سيناء المصرية)[23]، وهو ما ورد نفيه سابقاً.

وفي هذا السياق أعلنت حركة الجهاد الإسلامي أنها قامت بتطوير صاروخ محلي الصنع يمكن أن يستهدف منشآت حيوية إسرائيلية. حيث قال مسؤول في سرايا القدس، الذراع العسكري للحركة، إن "جيلاً سادساً من الصواريخ يتوقع الانتهاء منه قريباً وإنزاله إلى الميدان، سيستهدف مناطق حيوية داخل المدن الإسرائيلية"، "عبر الاستفادة من منظومة صواريخ جراد [Grad] روسية الصنع". حيث يحمل هذا الصاروخ شحنة أكبر من المواد المتفجرة[24]. وفي 2008/3/27 ذكرت يديعوت أحرونوت Yedioth Ahronoth أن حركة الجهاد الإسلامي بدأت بصناعة صواريخ يصل مداها إلى 20 كم وهي مشابهة لصواريخ جراد، وتحمل رأساً متفجراً أكثر فتكاً من صواريخ قسام العادية؛ لأنها تحمل كمية متفجرات تبلغ ضعفي الكمية التي يحملها صاروخ قسام[25]. ونقلت صحيفة هآرتس Haaretz في 2008/3/28 أن أفراداً من حماس عادوا مؤخراً إلى قطاع غزة حصلوا على مخططات جاهزة لتطوير الصواريخ بحيث تصبح ذات مدى أبعد[26]. إلا أن أبا عبيدة، الناطق الرسمي باسم كتائب القسام ذكر أنه "ليس سراً أننا نطور كل وسائلنا القتالية، بما فيها الصواريخ، وغيرها، هذا من حقنا". إلا أنه نفى قضية التسليح الإيراني لذلك، مشدداً على أن "كل تطوير سلاحنا يجري في قطاع غزة، ولسنا تابعين لأي جهة خارجية"[27]. وفي 2008/6/6 ذكرت جريدة الحياة، نقلاً عن معاريف، أن الأمن الإسرائيلي شهد مفاجأتين على صعيد تطور استخدام الصواريخ من قبل المقاومة الفلسطينية؛ تمثلت أولاها بإطلاق صاروخ روسي الصنع من طراز فاغوت موجه ضد الدبابات للمرة الأولى من قطاع غزة، بينما تمثلت الثانية بإطلاق صاروخ كاتيوشا بقطر 107 ملمترات للمرة الأولى أيضاً.

أما بالنسبة للتطور في أساليب إطلاق الصواريخ، فقد ذكرت صحيفة هآرتس بتاريخ 2008/2/9، نقلاً عن مصادر عسكرية إسرائيلية أن حماس تتبنى أسلوب حزب الله اللبناني في إطلاق الصواريخ، عبر إعداد منصات إطلاق تحت الأرض، لتجنب مراقبة طائرات الرصد، ونجاة مطلقي الصواريخ من عمليات الملاحقة[28].

ثالثاً:
جهات التصنيع والأسماء المستخدمة للصواريخ

استخدمت فصائل المقاومة الفلسطينية أسماءً متعددة للصواريخ، إذ أن كل فصيل أطلق على الصواريخ التي يستخدمها اسماً إعلامياً يتناسب مع اسمه الفصائلي، على الرغم من أن تكنولوجيا هذه الصواريخ واحدة، ولا تتمايز إلا بالقليل من الفوارق الصناعية. وقد كانت التسميات والمواصفات الصناعية كالآتي:

● صاروخ قسام (حركة حماس): لدى حركة حماس عدة أجيال من صواريخ القسام؛ فهناك "قسام 1" الذي يبلغ قطره 60 ملم، ويحمل رأساً متفجراً يزن 0.5 كغ، ويبلغ أقصى مدى له 3 كم. أما "قسام 2" فكان نسخة مطورة عن صاروخ "قسام 1"، حيث حاولت جهة التصنيع العسكري في حماس تجاوز عيوب الصاروخ الأول. ويبلغ قطره 150 ملم، ويزن رأسه المتفجر بين 5–7 كغ، ويبلغ طوله 180 سم، بينما يبلغ مداه حوالي 8 كم. أما الجيل الثالث فهو صاروخ "قسام 3" الذي يبلغ قطره 170 ملم، ويحتوي على رأس متفجر يزن 10 كغ، ويبلغ مداه بين 10–12 كم. وقد نَجح هذا الأخير بالوصول إلى عسقلان في شهر تموز/ يوليو سنة 2006، كما ذُكر أن هناك "قسام 4" يبلغ مداه بين 18 إلى 20 كم[29].

● صاروخ قدس (حركة الجهاد الإسلامي): أطلقت حركة الجهاد على صواريخها اسم "قدس". فمن "قدس 1"، الذي يبلغ وزنه 23.5 كغ، وطوله 150 سم وقطره 90 ملم، ومداه 6 كم، إلى "قدس 2" بمدى يبلغ 7كم، وقطره 115 ملم، وطوله 110 سم ووزنه الكلي 33.5 كغ، أما رأسه

المتفجر فيزن 8 كغ. ثم هناك "قدس 3" البالغ مداه 8.5 كم، ويزن 35كغ، ويبلغ طوله 130 سم، أما قطره فيبلغ 102 ملم ويزن رأسه المتفجر من 6–7كغ. أما "قدس 4" البالغ مداه 9 كم، فهو يزن 42 كغ، ويبلغ طوله 200سم، أما قطره فهو 127.5 ملم، ويزن رأسه المتفجر 8 كغ ويصل مداه إلى 9 كم[30]. كما تجدر الإشارة إلى أن حركة الجهاد استخدمت صاروخ يسمى "سرايا 2" بمدى يبلغ 3 كم[31].

● صاروخ ناصر (لجان المقاومة الشعبية): صاروخ ناصر هو الاسم الذي استخدمته لجان المقاومة الشعبية لتطلقه على صواريخها، ولديها ثلاثة أنواع منه. الأول: "ناصر 3 طويل"، وزنه 30 كغ وقطره 90 ملم وطوله 160 سم ويبلغ مداه 9 كم، والثاني: "ناصر 3 قصير"، ووزنه 25 كغ وقطره 90 ملم وطوله 90 سم ومداه 6 كم، أما الثالث فهو "ناصر 4"، الذي يبلغ وزنه 40 كغ وطوله 180 سم وقطره 115 ملم ويبلغ مداه 9 كم[32].

● صاروخ أقصى (حركة فتح): أطلقت حركت فتح على صواريخها اسم الأقصى؛ وهي تشبه صواريخ حركة حماس، ولكن هذه الحركة كشفت لاحقاً عن صاروخ جديد باسم الياسر (نسبة إلى الرئيس الراحل ياسر عرفات)، والذي يصل مداه إلى 15 كم. كما أن الحركة استخدمت صاروخ "كفاح" وهو الذي سبق صاروخ أقصى، إضافة إلى ذلك فإن مصادر فتحاوية ذكرت أنهم طوروا صاروخ "جنين 1" في الضفة الغربية[33].

● صاروخ صمود (الجبهة الشعبية لتحرير فلسطين): صاروخ الصمود، هو الصاروخ الذي تطلقه الجبهة الشعبية، ويصل مداه إلى 7 كم.

وإضافة إلى ذلك كله هناك القذائف الصاروخية التي تتميز بأنها صناعة خارجية، وهي أكثر دقة من الصواريخ المحلية وأخف حملاً، ويمكن

التنقل بها بسهولة، لكنها ذات مدى أقصر. وقد استخدمت بداية ضدّ المستوطنات في قطاع غزة. أما بعد الانسحاب الإسرائيلي الكامل من القطاع وإزالة المستوطنات، فقد اقتصر إطلاق هذه القذائف الصاروخية على مواقع ودوريات الجيش الإسرائيلي العاملة على الحدود أو داخل حدود القطاع. وهنالك ثلاثة أصناف من هذه القذائف، الصنف الأول منها بقطر 80-90 ملم، ويبلغ وزنها 3-5 كغ، أما كمية المواد المتفجرة في كل منها فتبلغ 400 غرام، في حين أن مداها الأقصى هو 1.8 كم. الصنف الثاني بقطر 135-140 ملم، يبلغ وزنها 20-25 كغ، وهي ذات مدى يبلغ 4 كم. فيما الصنف الثالث بقطر 240-250 ملم، بوزن 21 كغ، وتحمل كمية متفجرات تتراوح بين 5-8 كغ، ويبلغ مداها 1-2 كم.

أما بالنسبة إلى صاروخ "جراد" الروسي الصنع، والذي يعتقد أنه يُهرّب إلى قطاع غزة بواسطة الأنفاق المحفورة ما بين سيناء المصرية وقطاع غزة، فيزن 62-66 كغ، ويبلغ طوله 280 سم، وقطره 122 ملم ويحمل كمية مواد متفجرة زنتها 18 كغ، فيما يبلغ مداه 20 كم و400 م. وكانت المرة الأولى التي أطلق فيها هذا الصاروخ في 2006/3/28، وقد سقط في منطقة مفتوحة غربي مستوطنة نتيفوت و لم يحدث أضراراً، إلا أن وتيرة استخدام هذا النوع من الصواريخ زادت مع بداية العام 2008، وشكل قصف مركز تسوق في عسقلان، البالغ عدد سكانها 106 آلاف نسمة في 2008/5/14، ضربة موجعة للجانب الإسرائيلي حيث أدى إلى إصابة 41 إسرائيلياً [34]. وحسب المصادر الإسرائيلية، فإن مصدر تزويد الفلسطينيين بهذه الصواريخ هو إيران وحزب الله اللبناني. وهناك اعتقاد أن هناك كمية غير قليلة منه في قطاع غزة، لكنهم لا يستخدمونه بكثرة بانتظار "مناسبات إسرائيلية" ملائمة لذلك. مع الإشارة إلى أنه مصنوع بشكل

مهني وهو أكثر دقة من كل الصواريخ ذات الصنع المحلي، ومداه يصل إلى مدينة عسقلان "أشكلون" البالغ عدد سكانها 106 آلاف نسمة[35].

إضافة إلى ما ذُكر، فلا بد من الإشارة إلى أن هناك فصائل أخرى كان لها دورٌ إلى حدٍّ ما في عمليات إطلاق الصواريخ مثل كتائب المقاومة الوطنية الجناح العسكري للجبهة الديموقراطية لتحرير فلسطين، والجبهة الشعبية – القيادة العامة.

رابعاً: محاولات نقل تكنولوجيا صناعة الصواريخ إلى الضفة الغربية

اقتصرت صناعة الصواريخ الفلسطينية على قطاع غزة، على الرغم من أن الفصائل الفلسطينية حاولت أن تنقل هذه التكنولوجيا إلى الضفة الغربية. وقد ذكر التقرير الصادر عن معهد واشنطن لسياسة الشرق الأدنى، أن تصنيع صاروخ القسام يتمّ بشكل رئيسي في غزة، إلا أن "إسرائيل" قامت بالكشف عن عدة ورش لتصنيع الصواريخ في الضفة الغربية[36].

وقد سعت "إسرائيل" للقضاء على صناعة الصواريخ الفلسطينية من خلال استهداف الورش الصناعية في قطاع غزة بواسطة الغارات الجوية دون تمييز، حيث كان هناك 170 ورشة صناعية دمرت بشكل كلي بالإضافة إلى 100 أخرى دمرت بشكل جزئي في قطاع غزة وذلك لغاية كانون الثاني/ يناير 2005 [37]. إلا أن هذه الصناعة كما تدل الوقائع تطورت وانتشرت، حتى باتت في متناول معظم فصائل المقاومة الفلسطينية.

يشير تقرير مركز المعلومات للاستخبارات والإرهاب الإسرائيلي، إلى أن الخطر الأكبر الذي تواجهه "إسرائيل" من هذه الصواريخ يكمن في المحاولات الفلسطينية لتصديرها إلى الضفة الغربية. بحيث تصبح مجموعة كبيرة من البلدات والمدن الإسرائيلية الكبرى عرضة للصواريخ، وعندئذ سيكون عدد القتلى والجرحى كبيراً لدرجة لا يمكن لـ"إسرائيل" أن تحتملها. ولذلك فإنها تعمل بكل ما أوتيت من قوة لمنعها. وتتركز هذه المحاولات شمال الضفة الغربية بشكل خاص. ففي مطلع سنة 2002، منعت القوات الإسرائيلية شاحنة حاولت نقل صواريخ صنعت

في نابلس وكانت في طريقها إلى جنين، لكي تطلق من هناك على البلدات الإسرائيلية في الشمال. وفي كانون الثاني/ يناير 2004، اعتقل أحد نشطاء حركة حماس في منطقة رام الله، وأدى اعتقاله إلى العثور على مشغل في المدينة يُصنِّع الصواريخ البدائية. وفي 2004/12/30، تمّ اعتقال أحد نشطاء الجهاد الإسلامي في جنين، حيث اعترف بأنه عضو في خلية تعمل على صنع الصواريخ وتطويرها لإطلاقها على مدينة العفولة. وبعد أقل من شهر اعتقلت خلية في المنطقة نفسها بدأت تعمل على إقامة مشغل لإنتاج الصواريخ. وبعد أقل من شهرين تمّ الكشف عن مشغل كهذا في بلدة اليامون الفلسطينية قرب جنين. وفي 2005/10/5، ضبطت خلية من ثلاثة أشخاص أعضاء في لجان المقاومة الشعبية، تسللوا إلى "إسرائيل" من قطاع غزة عبر سيناء المصرية، وكانوا في طريقهم إلى جنين لتدريب عناصر هناك على صنع الصواريخ. ويضيف التقرير أن محاولات عدة جرت لإطلاق الصواريخ من الضفة الغربية باتجاه "إسرائيل" حتى تاريخ إصدار التقرير، أولها كان في 2002/3/8 من طولكرم، والثانية في 2006/5/8 حيث أطلق نشطاء الجهاد الإسلامي صاروخاً باتجاه معسكر للجيش الإسرائيلي في منطقة الجلمة قرب جنين دون أن يلحق أي أذى، في حين أن الثالثة والرابعة جرتا من خلية في جنين، ادعت "إسرائيل" أنها تابعة لحزب الله اللبناني وذلك في 7 و2006/7/30 وقد فشلتا في الوصول إلى أهدافهما، أما الخامسة فكانت في 2006/7/10 حيث أجرت خلية للجهاد الإسلامي محاولة فاشلة لإطلاق صاروخ من بلدة اليامون إلى بلدة رام — أون الإسرائيلية[38]. وإضافة إلى هذه المحاولات فقد أعلنت ألوية الناصر الذراع العسكري للجان المقاومة الشعبية أنها نجحت يوم 2006/11/1 بإطلاق صاروخ "ناصر1" قصير المدى، على

مستوطنة مجداليم المقامة على أراضي مدينة نابلس في شمال الضفة الغربية[39].

وادعت صحيفة معاريف Maariv أن قوات الأمن الإسرائيلية ضبطت يوم 2008/4/2، على معبر ترقومية، شمال غرب الخليل، شاحنة محملة بما يقارب 300 لتر من حامض الكبريتيك، الذي يمنع استخدامه في الضفة الغربية، بموجب أوامر قيادة المركز العسكرية، وذلك بذريعة أن هذه المادة الكيماوية تستخدم في إنتاج وسائل قتالية ومواد متفجرة. وأشارت المصادر ذاتها إلى أنه قد تمّ في نهاية شهر آذار/ مارس 2008، ضبط شاحنة إسرائيلية تحمل طناً من مواد خطيرة أخرى، تستخدم في صناعة المتفجرات، على حاجز "إلياهو" شرق مدينة قلقيلية في الضفة الغربية. كما ادعت أنه في منتصف ذات الشهر، ضبطت قوات الأمن، جنوب شرق قلقيلية، شاحنة إسرائيلية تحمل 3 أطنان من نيترات البوتاسيوم. وادعت أيضاً أنه تم خلال شهر آذار/ مارس 2008 أيضاً، ضبط ما يقارب 5 أطنان من "البطاريات" التي تحتوي على حامض الكبريتيك، علاوة على 40 لتراً من الحامض نفسه، و30 لتراً من حامض النيتريك، و50 كغ من نيترات البوتاسيوم، و30 كغ من الأسمدة التي تحتوي على البوتاسيوم والنيتروجين والفوسفور، و25كغ من "اليوريا"[40].

خامساً: الأخطاء في استخدام القذائف الصاروخية الفلسطينية

استطاعت الصواريخ الفلسطينية العبور إلى المستوطنات الإسرائيلية كأهداف للمقاومة الفلسطينية، إلا أن ذلك لا يعني أن عمليات إطلاق هذه الصواريخ لم يقع فيها أخطاء؛ فبدائية هذه الصواريخ وخصوصاً وسائل ضبط توجيهها، إضافة إلى الظروف الميدانية الصعبة التي تتمثل في إطلاقها من أماكن مفتوحة، كما أن تعرضها لمراقبة الطيران الإسرائيلي، وبالتالي تعريض مطلقيها للخطر، كانت من أبرز العوامل في وقوع الأخطاء والتسبب في سقوط الصواريخ في أماكن سكنية، وبالتالي تعريض المدنيين الفلسطينيين للخطر. وعلى سبيل المثال، ذكرت مصادر فلسطينية في 2005/8/2 أن طفلاً فلسطينياً لقي مصرعه، فيما أصيب ستة آخرون بجراح جراء سقوط صاروخ محلي الصنع على منزل في بلدة بيت حانون شمال قطاع غزة. حيث كانت مجموعة فلسطينية مسلحة تحاول إطلاق صاروخ على إحدى المستوطنات الإسرائيلية القريبة[41]. كما انفجر صاروخ فلسطيني داخل الأراضي المصرية ليلة 2008/2/8، دون أن يوقع أية إصابات بشرية أو خسائر في المنشآت. ورجحت مصادر أمنية مصرية أن يكون نشطاء فلسطينيون أطلقوه على معبر كرم أبو سالم إلا أنه أخطأ الهدف وسقط داخل الأراضي المصرية[42]. وفي 2008/2/19 وقعت حادثة أخرى، حيث أصيب فلسطينيان، بشظايا صاروخ محلي الصنع سقط في بيت حانون شمال قطاع غزة، مما أدى إلى بتر قدم أحدهم وإصابة طفل آخر بجروح متوسطة[43].

سادساً: الهجمات الصاروخية الفلسطينية

لقد تميزت الإحصائيات الإسرائيلية حول أعداد الصواريخ الفلسطينية بوجود فوارق كبيرة، تدل إما عن إرباكٍ داخل المؤسسة الإسرائيلية، وإما، وهو الأرجح، أنها تستخدم هذه الأرقام المتفاوتة خدمة لروايتها الرسمية للتضليل الإعلامي؛ بغية التغطية على حجم نتائج اعتداءاتها على الفلسطينيين حيناً بتضخيم الأرقام، أو الحفاظ على تماسك الجبهة الداخلية والتخفيف من الانتقادات الداخلية والاتهامات بالتقصير للمؤسسة العسكرية من خلال تقليل أعداد الصواريخ والتخفيف من نتائج أضرارها. فبحسب تقرير للشاباك سجل العام 2005، سقوط 400 صاروخ فلسطيني على المستوطنات الإسرائيلية[44]، مقابل سقوط 1,722 صاروخاً في سنة 2006، و1,263 صاروخاً في سنة 2007 [45]. بينما ذكرت معطيات وزارة الخارجية الإسرائيلية أن عدد الصواريخ سنة 2006 بلغ 861 صاروخاً[46]، وأشار بيان قدمته "إسرائيل" إلى مجلس الأمن الدولي حول الأوضاع الراهنة في قطاع غزة وسديروت في 2008/1/22، إلى أن الفلسطينيين أطلقوا من قطاع غزة ما يزيد عن ألفي صاروخ في العام 2007 [47]. كما أن وزارة الخارجية الإسرائيلية ذكرت في سياقٍ آخر، أن الفلسطينيين أطلقوا من قطاع غزة منذ الانسحاب الإسرائيلي في منتصف شهر آب/ أغسطس 2005، وحتى سيطرة حماس على القطاع في منتصف شهر حزيران/ يونيو 2007، ما مجموعه 1,826 صاروخاً على التجمعات الإسرائيلية. كما أشارت الوزارة في 2008/3/6 إلى أن الفلسطينيين أطلقوا منذ منتصف شهر حزيران/ يونيو 2007 ولغاية صدور تصريحها 1,018 صاروخاً[48].

بينما ذكرت دراسة صدرت في 2008/3/4 عن مركز المعلومات حول الاستخبارات والإرهاب، أن أعداد الصواريخ الفلسطينية التي أُطلقت على البلدات الإسرائيلية من 2001/10/26 ولغاية شباط/ فبراير 2008 بلغت 2,809 صواريخ[49].

شكل رقم (2):

إطلاق الصورايخ منذ 2001/10/26 وحتى 2008/3/4 [50]:

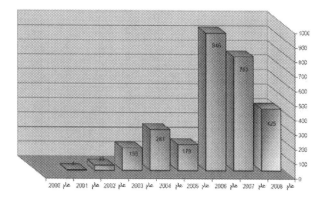

جدول رقم (1):

تضارب الأرقام الإسرائيلية حول عدد الصواريخ الفلسطينية

السنة	الشاباك	وزارة الخارجية الإسرائيلية	مركز المعلومات حول الاستخبارات والإرهاب
2006	1,722	861	946
2007	1,263	2,000	783

في حين أن إحصائية أخرى ذكرت أن عدد الصواريخ التي أطلقتها الفصائل الفلسطينية منذ بداية سنة 2008 ولغاية 2008/3/19، بلغت 938 صاروخاً، اعترفت "إسرائيل" بـ 822 صاروخاً فقط.

فيما ذكرت مجلة قساميون في كانون الأول/ ديسمبر سنة 2007، أن كتائب القسام، أعلنت عن إطلاقها 2,252 صاروخاً قسامياً خلال الفترة الممتدة ما بين 2001/10/26 و 2007/11/30.[51]

تدل حالة التضارب في تقدير أعداد الصواريخ التي يتم إطلاقها على عدم الدقة في متابعة كل ما يطلق منها، كما تدل على أن الطرف الإسرائيلي يلجأ أحياناً إلى بعض المبالغات في الزيادة والنقصان لأغراض دعائية وتعبوية.

إلى ذلك أشارت دراسة صادرة عن مركز المعلومات حول الاستخبارات والإرهاب إلى أن مستوطنة سديروت حظيت بالنصيب الأكبر من صواريخ المقاومة الفلسطينية؛ حيث بلغت نسبة هذه الصواريخ حوالي 45%.[52]

شكل رقم (3):
البلدات الإسرائيلية التي تستهدفها الصواريخ[53]

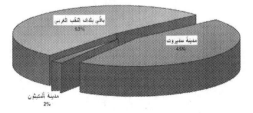

سابعاً: مقارنة بين الخسائر الفلسطينية والإسرائيلية

تدل أرقام الخسائر الإسرائيلية مقارنة مع ما يحدث من خسائر فلسطينية أنها شيء لا يذكر. ولكن ذلك لا يعني أن الشعب الفلسطيني سيكون بمنأى عن الاعتداءات الإسرائيلية لو أن الصواريخ غير موجودة، بل بالعكس حيث أن نتائج الاعتداءات الإسرائيلية سبقت ولادة الصواريخ وكانت وسيلة لإرغام الشعب الفلسطيني على القبول بسطوة الاحتلال.

جعلت الصواريخ الفلسطينية المجتمع الإسرائيلي مهدداً على الدوام، وهو الذي لم يتعود على مدى سنوات الصراع مع الفلسطينيين أن تكون حياته الاجتماعية مهددة بالشكل الذي حدث جراء سقوط هذه الصواريخ التي يزداد تأثيرها يوماً بعد يوم. وعلى الرغم من تدني الخسائر الإسرائيلية إلا أن الصواريخ الفلسطينية فرضت نفسها على رأس الأجندة السياسية والعسكرية الإسرائيلية.

1. الخسائر الإسرائيلية:

سقط 16 مستوطناً بصواريخ المقاومة الفلسطينية منذ 2001 وحتى 2008/5/15، بينهم 11 مستوطناً في سديروت نفسها[54].

في الوقت الذي تشير فيه دراسة لمركز المعلومات حول الاستخبارات والإرهاب إلى أن أكثر من 1,600 إسرائيلي أصيبوا بالهلع منذ منتصف سنة 2006 وحتى 2007/11/30 [55].

وعلى هذا الصعيد طالب رئيس لجنة أولياء الأمور في سديروت شوشان

سارة Sasson Sarah في حديث مع موقع معاريف الإلكتروني بترحيل سكان سديروت على غرار مستوطني غزة وفق مبدأ الإخلاء والتعويض الشهير[56]. وذكرت إذاعة الجيش الإسرائيلي أن سكان سديروت قرروا إرسال أبنائهم إلى نيويورك لاستكمال دراستهم، بسبب تواصل سقوط الصواريخ الفلسطينية على البلدة[57]. بينما أكد وزير الأمن الداخلي آفي ديختر Avraham Dichter أن سديروت أصبحت كصحراء قاحلة وخاوية بعد رحيل سكانها عنها من جراء سقوط صواريخ المقاومة الفلسطينية[58].

كما ذكر التلفزيون الإسرائيلي أن مركز الطوارئ التابع لبلدية عسقلان استقبل خلال ليلة واحدة (ليلة 2008/2/29–2008/3/1) أربعة آلاف مكالمة هاتفية، في أقل من ساعة، من مستوطني المدينة الذين تملّكهم الرعب عقب قصف المدينة بعدد من صواريخ "جراد"[59].

إلى ذلك قدر رئيس اتحاد مقاولي أعمال الترميم الإسرائيلي عيران سيف الأضرار التي لحقت بالبيوت والشقق السكنية في سديروت، خلال النصف الأول من العام 2007، جراء استمرار سقوط صواريخ المقاومة الفلسطينية على المستوطنة وما حولها، بحوالي 20 مليون دولار[60].

فيما تبلغ قيمة تحصين المنازل والنقاط الاستراتيجية في سديروت من الضربات الصاروخية الفلسطينية وفق بعض التقديرات 300 مليون شيكل (أي نحو 972 مليون دولار أمريكي)[61]. أما قائد الجبهة الداخلية في الجيش الإسرائيلي الجنرال يائير جولان فقد ذكر في 2008/2/20، أن تكلفة بناء 3,180 غرفة محصنة في سديروت والمجتمعات المجاورة تبلغ حوالي 97 مليون دولار أمريكي[62]. وتبين من استطلاع للرأي أجري في 2007/12/21 من قبل معهد "داحاف" Dahaf Institute، على سكان

27

مدينة سديروت، أن 86% من الجمهور الإسرائيلي يعتقدون أن الحكومة الإسرائيلية فشلت في حماية سديروت من الهجمات الصاروخية. وقد ذكر 64% أنهم سيغادرون المدينة، في حال تمكنوا من الحصول على مسكن بديل[63]. وكان الموقع الإلكتروني لصحيفة يديعوت أحرونوت نشر في 2007/5/20 عن مصادر في بلدية سديروت إن ما بين 6–8 آلاف من أصل 23 ألفاً هو عدد سكانها قد غادروا المدينة؛ بسبب الوضع الأمني المتدهور فيها الناتج عن إطلاق المقاومة الفلسطينية للصواريخ[64]. وإن دل ما سبق على شيء فإنه يدل على حقيقة الأثر والإرباك في الحياة اليومية الإسرائيلية نتيجة سقوط الصواريخ الفلسطينية.

2. الخسائر الفلسطينية:

لا يوجد ما يشير إلى خسائر فلسطينية محددة، نتجت مباشرة عن عمليات انتقامية إسرائيلية، بسبب إطلاق الصواريخ الفلسطينية. وفي معظم الأحيان فإن "إسرائيل" تتابع قتلها المنظم للفلسطينيين دونما أية علاقة بالصواريخ؛ غير أنها أصبحت في السنتين الأخيرتين تلجأ لاستخدام الصواريخ كذريعة لهجماتها. وصحيح أن الصواريخ الفلسطينية أصبحت مصدر قلق إسرائيلي خصوصاً بعد اتساع مداها وتزايد دقتها وتأثيرها، إلا أن ذلك لم يكن أبداً السبب الوحيد للهجمات الإسرائيلية التي تتابعت في الضفة الغربية كما تتابعت في القطاع. والتي ازدادت شراستها في القطاع بعد سيطرة حركة حماس عليه، وسعي الحكومة الإسرائيلية لإضعافها وإسقاطها.

ويكشف الحجم الهائل للضحايا الفلسطينيين مقارنة بالإسرائيليين تهافت المزاعم الإسرائيلية. فقد أظهرت إحصائية للجهاز المركزي

للإحصاء الفلسطيني أن عدد الشهداء الفلسطينيين الذين سقطوا خلال انتفاضة الأقصى التي اندلعت في 2000/9/28 (أي قبل وجود الصواريخ الفلسطينية) قد وصل في 2008/2/29 إلى 5,227 شهيداً، بينهم 957 طفلاً. وأشارت الإحصائية إلى أن شهداء غزة بلغ 3,107 شهداء، بينما بلغ عدد شهداء الضفة الغربية، حيث لا يوجد إطلاق صواريخ تتذرع بها "إسرائيل"، 2,120 شهيداً[65].

وفي إحصائية أخرى، أشار المركز الفلسطيني لحقوق الإنسان إلى أن مجموع الشهداء الفلسطينيين المدنيين الذين سقطوا خلال انتفاضة الأقصى قد وصل في 2008/3/4 إلى 3,615 شهيداً[66]. في حين أن مجمل من سقط من الشهداء الفلسطينيين منذ اندلاع الانتفاضة قد وصل في نهاية أيار/ مايو العام 2008 إلى 5,394 شهيداً بحسب إحصائية لوكالة قدس برس[67].

وأشار الجهاز المركزي للإحصاء الفلسطيني إلى أن عدد الجرحى، حسبما أفادت جمعية الهلال الأحمر الفلسطيني، منذ بداية انتفاضة الأقصى وحتى 2008/2/29، بلغ 32,213 مصاباً[68].

وأشارت منظمة بتسيلم B'tselem إلى أنه وخلافاً لادعاءات رئيس هيئة أركان الجيش الإسرائيلي، جابي أشكنازي Gabi Ashkenazi، من أن 90% من القتلى الذين سقطوا خلال الحملة التي شنتها قوات الاحتلال في 2008/2/27 تحت اسم "الشتاء الساخن"، والتي استمرت حتى 2008/3/3، في قطاع غزة كانوا مسلحين، فإن الحملة خلّفت 106 شهداء بينهم 54 مدنياً، منهم 25 طفلاً[69]. كما أعلن مدير عام الإسعاف والطوارئ في وزارة الصحة، معاوية حسنين، في وقت لاحق ارتفاع حصيلة الشهداء إلى 129 شهيداً[70].

وفي تقرير لوزارة شؤون الأسرى والمحررين، صدر في 2008/5/25، أوضح أن هناك 11,700 معتقل داخل السجون الإسرائيلية، مبيناً أن العام 2008 شهد تصعيداً في عمليات الاعتقال الإسرائيلية إذ اعتقل ما يزيد عن 2,700 فلسطيني منذ بداية العام، منهم أكثر من 600 معتقل من قطاع غزة، فيما الباقي من الضفة الغربية حيث اعتقل من مدينة الخليل تحديداً ما يزيد عن 700 فلسطيني. علماً أن الضفة تشهد هدوءاً أمنياً نسبياً، بعد قيام السلطة الفلسطينية هناك بمحاولة فرض السيطرة الأمنية الرسمية على مناطق الضفة وتحجيم أعمال المقاومة[71].

جدول رقم (2): الشهداء في قطاع غزة والضفة الغربية من 2000/9/28 ولغاية 2008/2/29

	قطاع غزة	الضفة الغربية	المجموع
الشهداء	3,107	2,120	5,227

ثامناً: الموقف الفلسطيني

1. موقف منظمة التحرير الفلسطينية وحركة فتح:

دأب الرئيس محمود عباس على مطالبة فصائل المقاومة الفلسطينية بوقف إطلاق الصورايخ من قطاع غزة، محملاً هذه الفصائل نتائج العدوان الإسرائيلي، وكان يعتقد أنه يمكن تحقيق التهدئة مع "إسرائيل"؛ من خلال وقف إطلاق الصواريخ، إذ عندها تصبح الكرة في الملعب الإسرائيلي، ويكون أي عدوان إسرائيلي على الشعب الفلسطيني غير مبرر من وجهة نظره ونظر العالم[72].

وكشفت الحكومة المقالة في غزة بعد سيطرة حركة حماس على القطاع في منتصف حزيران/ يونيو 2007 وثائق تبين الإجراءات التي كانت تقوم بها أجهزة السلطة ضدّ رجال المقاومة بإيعاز من الرئيس عباس لمواجهة عمليات إطلاق الصواريخ، ففي 2007/8/23 كشف وزير الداخلية السابق سعيد صيام، في مؤتمر صحفي عن بعض هذه الوثائق، وعرض تسجيلاً مصوراً يظهر فيه عباس في أثناء اجتماع مع قادة أمنيين وهو يطلب منهم إطلاق النار على مطلقي الصواريخ من فصائل المقاومة على أهداف إسرائيلية[73].

وفي 2007/9/26 عثرت أجهزة الأمن الفلسطينية على صاروخي قسّام بدائيين في مدينة بيت لحم، جنوب الضفة الغربية. وعلى الرغم من أن اللواء توفيق الطيراوي رئيس جهاز المخابرات العامة أكد أن أعضاء الجهاز عثروا على الصاروخين في منطقة مهجورة في المدينة و"أنهما في مراحلهما الأولى، ولم يجرِ بعد تزويدهما بالمادة المتفجرة". فقد أشار إلى

أنها المرة الثانية التي تضبط فيها الأجهزة الأمنية صواريخ من هذا النوع في الضفة، الأمر الذي اعتُبر محاولة لنقل تجربة الصواريخ من قطاع غزة إلى الضفة الغربية. مما دفع الطيراوي إلى التشديد على أن "إطلاق صواريخ من الضفة على إسرائيل يعني استدراج إسرائيل للقيام بعمليات تدميرية ضدّ شعبنا وأهلنا". وهو الأمر الذي أكد على منعه بالقوة حماية للسلطة وللشعب الفلسطيني، حسب تعبيره[74].

وعلى الرغم من أن الرئيس عباس استنكر الجرائم الإسرائيلية التي نتجت عن الحملة العسكرية، التي استمرت أكثر من خمسة أيام تحت مسمى "حملة الشتاء الساخن"، على قطاع غزة وخاصة منطقة جباليا، واصفاً ما يجري، بأنه "أكثر من محرقة"، فقد كان كلامه يوحي بأن الصواريخ الفلسطينية هي التي دفعت "إسرائيل" لعملية انتقام، وتبين من فحوى كلامه وكأن استنكاره لم يكن إلا لحجم الردّ الإسرائيلي، حيث اعتبر "أنه لا يعقل أن يكون ردّ الفعل الإسرائيلي على الصواريخ التي ندينها بهذا الحجم الثقيل والرهيب"[75].

كما أن الرئيس عباس لطالما اعتبر أن هذه الصواريخ ليست ذات قيمة، واعتبر أنها لا تمت للمقاومة ووسائلها بصلة، حيث قال في 2008/3/9: "لقد طلبنا من حماس وقف إطلاق الصواريخ العبثية وعديمة القيمة، والتي تفوق أضرارها ما يمكن أن تجلبه من فوائد، وذلك من أجل وقف العدوان الإسرائيلي على غزة وفكّ الحصار وفتح المعابر المغلقة". وأضاف متسائلاً "عن أية مقاومة نتحدث، فهل الصواريخ والعمليات الانتحارية مقاومة"، مستشهداً بالقول إن "7 آلاف صاروخ أطلقت من قطاع غزة قتلت 10 إسرائيليين، وحينما تشتد الأمور على حماس فإنهم يطالبون بحماية قياداتهم وليس الشعب

الفلسطيني". كما ذكر أن "الأسير شاليت [جلعاد شاليط Gilad Shalit] كلف الشعب الفلسطيني أكثر من ألف شهيد، فيما ما يزال الشهداء الفلسطينيون يتساقطون بسبب إطلاق الصواريخ"[76].

وبالإضافة لموقف الرئيس عباس، حرص التيار الداعم للمفاوضات مع "إسرائيل" والذي كان يعتبر أنها الطريق الأمثل لاسترجاع الحقوق الفلسطينية، على تصنيف هذه الصواريخ في خانة العبثية وأنها بدائية لا فائدة من ورائها، بل هي تشكل حجة للجانب الإسرائيلي ليتمادى في قصف المدنيين في قطاع غزة والتملص من عملية التسوية السياسية. حيث دعا أمين سرّ اللجنة التنفيذية لمنظمة التحرير ياسر عبد ربه بتاريخ 2008/1/21 فصائل المقاومة للتوقف عن إطلاق الصواريخ من غزة تجاه "إسرائيل"، والتي تستغلها لطي ملف العملية السياسية والمفاوضات وجرّ المنطقة إلى لغة الدم[77]. كما تساءل عبد ربه إذا كان قطاع غزة سيتعرض لمثل هذا الحصار، لولا ما أسماه الصواريخ العبثية التي تطلق منه[78].

ومن جهته أكد صائب عريقات، رئيس دائرة شؤون المفاوضات في منظمة التحرير الفلسطينية، على ضرورة وقف إطلاق القذائف الصاروخية من قطاع غزة على "إسرائيل" فوراً حتى لو كان ذلك من جانب واحد لحماية دماء سكان قطاع غزة. لافتاً إلى أن "إسرائيل" جلبت سفراء دول العالم لزيارة سديروت والبلدات الإسرائيلية الأخرى التي تتعرض للقصف من قطاع غزة بغية التمهيد للعدوان على قطاع غزة[79].

بدوره، طالب محمد دحلان بوقف ما أسماه العبث بحياة المواطنين، ووقف إطلاق الصواريخ على المستوطنات الإسرائيلية في قطاع غزة فوراً، وبأي شكل من الأشكال؛ بالإقناع أو بالقوة أو بأية طريقة[80].

أما قدورة فارس، القيادي في حركة فتح، فقد طالب الفصائل في حديث خاص أدلى به لـصحيفة "القدس العربي" في 2007/6/27 بضرورة إعادة تقييم الأمور على ضوء التجارب الأخيرة[81].

أما التيار الذي كان يعارض المفاوضات مع "إسرائيل" والمتمثل برئيس الدائرة السياسية في منظمة التحرير الفلسطينية فاروق القدومي، فحمّل القيادة الحالية للسلطة الفلسطينية، مسؤولية الخلاص من المقاومين "كخدمات طوعية تقدمها لسلطات الاحتلال". وأيد "استمرار إطلاق صواريخ المقاومة طالما بقي الاحتلال"[82].

2. موقف حكومة الطوارئ (تسيير الأعمال) برئاسة سلام فياض:

كان موقف حكومة الطوارئ (تسيير الأعمال) متطابقاً مع موقف الرفض للصواريخ، فقد طالب رئيس الحكومة سلام فياض مطلقي الصواريخ في غزة بـ "التبصر والتحلي بالمسؤولية تجاه مصير شعبنا، وإدراك أن إطلاق الصواريخ لم يجلب عليه سوى الكوارث"[83]. ولكن الموقف الأعنف كان لوزير الشؤون الخارجية في هذه الحكومة، رياض المالكي الذي حمّل حركة "حماس" المسؤولية عما يجري في قطاع غزة. حيث اعتبر أن حماس وفّرت "عبر صواريخها الحجة والمبرر ليس فقط لإسرائيل لكي تشنّ عدوانها، وإنما وفرت للمجتمع الدولي لكي يغضّ النظر عما يجري في القطاع من جرائم تحت تفسيرات الدفاع عن النفس"[84].

ليس ذلك فحسب بل حاولت هذه الحكومة زعزعة العلاقة بين مصر والحكومة المقالة في غزة؛ من خلال قضية الصورايخ التي تطلقها حماس وفصائل المقاومة، حيث قال وزير شؤون الأسرى الفلسطيني

أشرف العجرمي إن "هناك أموراً مخططة ومؤكدة تقول إن حماس توجه أسلحتها وصواريخها إلى الأراضي المصرية، وهناك تهديدات صدرت عن قياداتها لمصر"[85].

بينما اعتبر الوزير محمود الهباش "أن الصواريخ التي لا تحدث أي أضرار [بإسرائيل] هي أداة ضارة بنا قبل أن تكون ضارة بإسرائيل؛ ولذا يجب على حماس أن تغلِّب العقل، وتعمل على وقف إطلاق هذه الصواريخ"[86].

3. موقف حركة حماس:

بطبيعة الحال كان موقف حركة حماس مؤيداً لاستخدام سلاح الصواريخ في مواجهة الاحتلال، وكانت تعتبر هذه الصواريخ عنصر قوة بيد المقاومة الفلسطينية، بخلاف الرأي الآخر الذي كان يحملها مسؤولية الاعتداءات الإسرائيلية. فقد أدان رئيس الحكومة المقالة إسماعيل هنية ضمناً تصريحات للرئيس عباس بشأن صواريخ المقاومة، واعتبر أن "التصريحات التي تصدر عمّن يسمون أنفسهم قيادات فلسطينية حينما يقال إن الحصار سببه المقاومة، وإن القاعدة موجودة في القطاع. حينئذ لم يكن أمام العدو إلا أن يستمر في القتل"[87].

واستهجن إيهاب الغصين، الناطق بلسان وزارة الداخلية في الحكومة المقالة، أن يعيد أبو مازن الشروط الإسرائيلية نفسها لرفع الحصار عن قطاع غزة، حين اعتبر الأخير أن رفع الحصار يتطلب وقف صواريخ المقاومة، الأمر الذي رأى فيه الغصين أنه يعكس "موقفاً غير وطني وغير مسؤول"[88].

أما أحمد يوسف المستشار السياسي لرئيس الوزراء إسماعيل هنية، فقد

شدد على أهمية سلاح الصواريخ بيد المقاومة الفلسطينية بقوله:

نحن كشعب نعاني من الاحتلال، من حقنا أن ندافع عن
أنفسنا بما هو متاح في أيدينا، ونعمل بالمفهوم القرآني "وأعدوا
لهم ما استطعتم"... ونحن نعمل بما لدينا من قدرات وجهد
مستطاع، هذه الصواريخ التي لدينا هي صحيح بدائية،
ولكنها ما زالت قادرة على نشر الرعب والفزع في قلوب
الإسرائيليين، وتجعلهم على الأقل يشعرون بنفس معاناتنا
وآلامنا كفلسطينيين 89.

كما ربطت الحكومة المقالة في غزة إبرام أي تهدئة مع "إسرائيل" ووقف
إطلاق الصواريخ بثمن مقابل تدفعه "إسرائيل"، فقد قال د.غازي حمد
الناطق باسم الحكومة الفلسطينية، إن "وقف الصواريخ [يجب أن
يكون] مقابل مستحقات من الجانب الإسرائيلي تتعلق بوقف كافة أشكال
العدوان، وإزالة الحواجز، وتسهيل حركة المعابر، وإطلاق سراح النواب
والوزراء ورؤساء مجالس البلديات المحلية"90.

وفي السياق نفسه أدان رئيس المجلس التشريعي بالإنابة أحمد بحر،
"التصريحات اللامسؤولة والتي تدعي زوراً وبهتاناً بأن صواريخ المقاومة،
التي تأتي كردّ فعل طبيعي على حرب الإبادة التي يشنّها الاحتلال على
قطاع غزة، بأنها عبثية وتجلب الدمار على الشعب الفلسطيني"، وأكد
بحر بأن "المقاومة بكافة أشكالها وصورها هي حقّ طبيعي مشروع
كفلته كافة المواثيق والأعراف الدولية والشرائع السماوية"91. أما
خالد مشعل رئيس المكتب السياسي لحماس فقد اعتبر في تصريح له
في 2007/5/13، أن "كل ما يفعله الشعب الفلسطيني بوسائله يأتي في
سياق ردّ الفعل والدفاع عن النفس، والصواريخ هي جزء من أدوات

الدفاع عن النفس، وإسرائيل هي التي تحتل أرضنا وتعتدي وتقتل وتطلق يدها بالعدوان على الشعب الفلسطيني". وأضاف: "فليوقف المجتمع الدولي العدوان الإسرائيلي، وعند ذلك يطالب الشعب الفلسطيني بوقف إطلاق الصواريخ"[92].

كما أشار مشعل في 2008/1/16 بأن صواريخ غزة ليست إلا ردّ فعل على الهجمات الإسرائيلية، منتقداً وصف الرئيس محمود عباس لصواريخ المقاومة بأنها صواريخ عبثية. وتساءل إن كانت الصواريخ هي العبثية أم المفاوضات، ليردف متسائلاً، إن كانت صواريخ غزة عبثية فلماذا تقيم "إسرائيل" الدنيا ولا تقعدها وتحرض الدنيا علينا؟ مطالباً الدول العربية بتزويد المقاومة بصواريخ "غير عبثية"[93].

وبيّن الدكتور موسى أبو مرزوق، نائب رئيس المكتب السياسي لحركة حماس، في 2008/2/28 في تصريح خاص لصحيفة "العرب" القطرية أن الخطورة تكمن في الغطاء الذي يوفره رئيس السلطة الفلسطينية محمود عباس بتبريره الإجرام الإسرائيلي بأنه ردّ على الصواريخ الفلسطينية على سديروت؛ مشيراً إلى أن التصعيد الإسرائيلي الذي تمثل بحملة الشتاء الساخن على قطاع غزة، هو لكسر شوكة حماس والشعب الفلسطيني[94].

وربط عضو المكتب السياسي في حماس محمد نزال بين وقف الصواريخ وضرورة وقف العدوان، وقال في حديث لجريدة القدس العربي في 2008/3/3: "حماس أبدت استعدادها لوقف إطلاق الصواريخ، إذا أوقف الإسرائيليون عدوانهم على الشعب الفلسطيني، والآن الكرة في ملعب أولمرت [Ehud Olmert] وباراك، عليهما أن يوقفا عدوانهما، حتى يوقف الفلسطينيون إطلاق صواريخهم"[95].

4. موقف حركة الجهاد الإسلامي:

لم يختلف موقف حركة الجهاد الإسلامي عن موقف حركة حماس بالنسبة للصواريخ، فهي فصيل رئيسي في هذا المجال. حيث اعتبر الأمين العام للحركة رمضان عبد الله شلح في حوار نشرته جريدة الشرق القطرية في 2008/3/23، هذه الصواريخ معجزةً فلسطينية وأنها معجزة الصمود والإرادة التي لا تنكسر. كما رأى أن الشعب الفلسطيني استطاع بإمكانيات بسيطة أن يحقق قدراً من توازن الرعب وتوازن الردع وتوازن القوة مع الاحتلال لأن عمقه بات مهدداً بصواريخ المقاومة[96]. مشيراً إلى أن هذه الصواريخ التي نعتها البعض بالعبثية حوّلت حياة سكان "سديروت" والمستوطنات المجاورة لغزة إلى جحيم[97]. بينما رأى الدكتور محمد الهندي في حوار مع فضائية العربية في 2004/8/6، أن الصواريخ هي من وسائل المقاومة التكتيكية وليست الاستراتيجية، بحيث يمكن الحوار حولها داخلياً، حسب الظروف وحسب الأوضاع. في حين أن ذلك غير ممكن في ظلّ الاعتداءات الإسرائيلية[98].

فيما أكد خالد البطش القيادي في الحركة في 2008/3/11 على أن أعمال المقاومة الفلسطينية كانت دائماً رداً على استمرار العدوان الإسرائيلي[99].

وحول موضوع فعالية وأهمية هذه الصواريخ كسلاح في يد المقاومة، أوضح الناطق باسم سرايا القدس أبو أحمد في 2007/8/9 في تصريحات صحافية أن "هذه الصواريخ التي تطلقها المقاومة الفلسطينية هي صواريخ من المنظور العسكري بدائية ومحلية الصنع ولا تحمل من المواد المتفجرة [سوى] 5 في المئة مقارنة بالصواريخ التي تصنع في الدول الخارجية أو دولة الاحتلال الإسرائيلي". إلا أنه طمأن أن "صواريخ المقاومة [هذه] ستنتقل ذات يوم إلى الضفة الغربية كما انتقلت كثير من الأساليب كالعبوات

الناسفة والاستشهاديين... ولا بدّ أن يأتي يوم وتنتقل هذه التكنولوجيات إلى الضفة الغربية، وحينها تصبح المدن الفلسطينية المحتلة عام 48 جميعها في مرمى صواريخ المقاومة"[100].

5. موقف الجبهة الشعبية لتحرير فلسطين:

لم تشكك الجبهة الشعبية بجدوى امتلاك المقاومة لسلاح الصواريخ رغم بدائيتها، واعتبر جميل مجدلاوي عضو المكتب السياسي للجبهة أن الصواريخ الفلسطينية ليست بالضخامة التي تروج لها آلة الإعلام الإسرائيلية، إلا أنه رأى أنها مهمة وهي ليست عبثية أو غير مهمة كما يقول البعض[101]. بينما شددت خالدة جرار، في تعليق لها حول جدوى الصواريخ، على ضرورة أن يركز الجانب الفلسطيني على الاحتلال وجرائمه وليس مساعدة "إسرائيل" في إيجاد الذرائع. إلا أنها اعتبرت أن المقاومة ليست هدفاً بل هي وسيلة لتحقيق هدف، وهي مقاومة دفاعية وليست هجومية أمام ما يتفنن به الاحتلال من قمع يومي في الضفة الغربية وقطاع غزة[102]. فيما اعتبر كايد الغول عضو المكتب السياسي للجبهة أن إطلاق الصواريخ على البلدات الاسرائيلية "شكل من أشكال المقاومة ضدّ الاحتلال"[103].

6. موقف الجبهة الديموقراطية لتحرير فلسطين:

بدوره اعتبر نايف حواتمة الأمين العام للجبهة الديموقراطية في حوار مع فضائية العربية في 2007/8/2، أن الصواريخ هي إحدى وسائل المقاومة الفلسطينية التي اضطرت لاستخدامها في ظلّ الاحتلال وزحف الدبابات اليومي والقتل والاغتيالات والمذابح والمجازر الجارية، للتخفيف من آلام الشعب الفلسطيني[104].

7. موقف لجان المقاومة الشعبية:

اعتبر القيادي في لجان المقاومة الشعبية عامر قرموط "أبو الصاعد" في 2007/12/14 أن صواريخ المقاومة الفلسطينية وصلت مرحلة تجاوزت فيها محاولات المنع والقضاء عبر تطور نوعي خلقته الظروف الميدانية وتراكم الخبرات لدى المسلحين الفلسطينيين[105].

تاسعاً: الموقف الإسرائيلي

شكلت مسألة إطلاق الصواريخ من قطاع غزة مشكلة للمستويين السياسي والعسكري في "إسرائيل"، وتفاقمت هذه المشكلة مع تزايد الصعوبات في معالجتها وانحصار الخيارات المتاحة لمواجهتها. فقد قال رئيس الحكومة الإسرائيلية إيهود أولمرت في 2008/3/11، إنه لا توجد وسائل بيد جيشه، لمنع قصف مدينة عسقلان بصواريخ "جراد"، ليضيف قائلاً "إن الفلسطينيين لا يطلقون النار من منطلق محبتهم لإسرائيل، وليس لأن لديهم قدرة السيطرة على مطلقي القذائف، بل لأننا حين نوجه لهم الضربات فإن هذا يؤلمهم، وهذا ما يجعلهم يعيدون حساباتهم، ولكن هذا لا يعني أنهم لن يستأنفوا إطلاق القذائف"[106].

وقد عدّت الحكومة الإسرائيلية مسألة الصواريخ تهديداً استراتيجياً، حيث اعتبر تصريح نقل في 2008/1/4 عن مكتب رئيس الوزراء الإسرائيلي "أن قصف مدينة المجدل بصواريخ الكاتيوشا يعتبر تهديداً استراتيجياً للدولة العبرية"[107]. حتى أن مصادر إسرائيلية مقربة من جهاز الاستخبارات الإسرائيلي أكدت أن تل أبيب باتت تدرس استهداف مواقع للجبهة الشعبية – القيادة العامة في سورية وداخل الأراضي اللبنانية، رداً على سقوط صاروخ كاتيوشا في شمال مدينة عسقلان انطلاقاً من قطاع غزة[108]. في حين حذر رئيس الاستخبارات العسكرية عاموس يدلين Amos Yadlin في لقاء مع صحيفة هآرتس في 2008/5/15 من أن حماس ستتمكن خلال سنتين من تطوير الصواريخ بحيث تدخل مدناً إسرائيلية أخرى في مرمى صواريخها. وتوقع أن يصل مدى هذه الصواريخ إلى كل

بلدة تبعد 40 كيلومتراً عن غزة[109]. وهو الأمر الذي أكده يوفال ديسكن Yuval Diskin في تقرير قدمه خلال جلسة أسبوعية لمجلس الوزراء الإسرائيلي[110]. أكثر من ذلك فقد اعترف دان حالوتس Dan Halutz أن "الصواريخ المحلية التي تطلقها عناصر الفصائل الفلسطينية على إسرائيل أخطر من التهديد الإيراني ضد إسرائيل"[111].

وفي المقابل كشفت إذاعة الجيش الإسرائيلي في 2008/2/22 النقاب عن أن أولمرت فوجئ بأن نظام "القبة الحديدية" Iron Dome الدفاعي الذي استثمرت فيه "إسرائيل" مبالغ طائلة، قدرت بمئتي مليون دولار صادقت عليها الحكومة الإسرائيلية[112]، لتحمي بلدة سديروت والمستوطنات المحيطة بقطاع غزة من الصواريخ الفلسطينية لن يكون قادراً على توفير مثل هذه الحماية. ونقلت الإذاعة عن مصادر إسرائيلية وصفتها بأنها مطلعة القول إنه ثبت أن النظام قد يكون مجدياً أمام الصواريخ التي تطلق من مسافة تزيد عن أربعة كيلومترات على الأقل عن أي مستوطنة إسرائيلية، علماً بأن المسافة بين بيت حانون وسديروت مثلاً لا تزيد عن كيلومترين. وتجدر الإشارة هنا أن نظام "القبة الفولاذية" الدفاعي يتضمن تحصين آلاف المنازل والمؤسسات الإسرائيلية في محيط قطاع غزة بأسقف فولاذية لا تخترقها الصواريخ، كما يتضمن جهازاً لإسقاط الصواريخ الفلسطينية من خلال إطلاق صواريخ إسرائيلية مضادة لاعتراضها[113]. وفي دراسة أعدها الخبير الإسرائيلي دافيد كلاين الذي يعمل مستشاراً في إدارة المخاطرات والتخطيط الاستراتيجي، تبين أن "إسرائيل" حتى تتمكن من إحباط تهديد بين 50 إلى 70% من الصواريخ الفلسطينية ستحتاج سنويًا إلى 500–700 صاروخ على الأقل ضمن نظام القبة الحديدية. ويتوقع أن تكون كلفة الصاروخ المضاد في نهاية فترة التطوير بين 50 إلى 100 ألف دولار، ومن

هنا ستكون الكلفة السنوية لعنصر الإحباط وحده من 100–280 مليون شيكل تقريباً، أي نحو 324–907 مليون دولار[114].

ونقلت مصادر إسرائيلية عن الرئيس الإسرائيلي شمعون بيريز Shimon Peres في 2008/2/26 قوله "إن أجهزة الأمن تبحث عن حلّ يضع حداً لإطلاق القذائف الصاروخية من قطاع غزة، وإن ردّ جيش الدفاع على إطلاق القذائف يتحسن يومياً إلا أن حلّ المشكلة يتطلب وقتاً طويلاً"[115].

ونقلت مصادر إسرائيلية عن آفي ديختر قوله، خلال اجتماع الحكومة في 2008/3/2، إن الجيش الإسرائيلي وبعد خمسة أيام من المعارك، حملة الشتاء الساخن، في قطاع غزة لم يتمكن من تحقيق غايته المتمثلة في وقف إطلاق الصواريخ باتجاه "إسرائيل"[116]. على الرغم من أن هذا الكلام تناقض مع اعتراف أولمرت من أن الهدف من حملة الشتاء الساخن لم يكن الصواريخ فقط وإنما زعزعة حكم حماس. فقد قال أولمرت في جلسة لجنة الخارجية والدفاع في الكنيست في 2008/3/3 "إن العملية حققت هدفها المركزي في تقليص إطلاق الصواريخ، وزعزعة سلطة حماس في قطاع غزة، بشكل يمسّ في قدرتها على إدارة الأمور الحياتية في قطاع غزة"[117].

وقد رهنت الحكومة الحدّ من إطلاق الصواريخ بالقدرة على منع تهريب الأسلحة من مصر إلى القطاع، فقد قال عاموس جلعاد Amos Gilad المستشار السياسي في وزارة الدفاع الإسرائيلية في 2008/3/6 "كلما تراجع تهريب الأسلحة من مصر إلى قطاع غزة تراجعت قدرة المجموعات المسلحة على إطلاق صواريخ ضدّ إسرائيل"[118].

كما أن "إسرائيل" تخوفت من انتقال تجربة الصواريخ إلى الضفة الغربية

كما ذكر سابقاً؛ وهو الأمر الذي أكده عاموس جلعاد[119].

إن الضعف في معالجة أزمة الصواريخ الفلسطينية جعل رئيس بلدية سديروت إيلي مويال Eli Moyal يقدم استقالته في 2007/12/12[120]، بعدما تحولت سديروت إلى مدينة أشباح بسبب استهدافها المتكرر بالصواريخ، إلا أنه تراجع عنها، في اليوم التالي، في أعقاب طلب وزير الدفاع إيهود باراك منه ذلك، وبعد أن تعهد له بإيجاد حلّ لمشكلة الصواريخ[121].

على صعيد حلّ معضلة الصواريخ، برز تياران مختلفان. التيار الأول تمثل باليمين الإسرائيلي المتشدد الذي دعا إلى معالجة الأزمة معالجة عسكرية بحتة وصلت إلى حدّ التطرف النازي؛ حيث قال نائب وزير الدفاع الإسرائيلي متان فيلنائي MatanVilnai في 2008/2/29 "إن إسرائيل ستستخدم كل قوتها في الدفاع عن أمنها ومواطنيها وحتى لو وصل الأمر إلى تنفيذ إبادة جماعية "هولوكست" ضدّ قطاع غزة"[122]. وكشفت القناة الثانية في التلفزيون الإسرائيلي في 2008/3/5 عن مصادر أمنية رفيعة المستوى، قولها إن لدى باراك نية الشروع بترحيل عشرات آلاف الفلسطينيين من شمال قطاع غزة باتجاه مدينة غزة وحصرهم هناك[123].

كما توعد أولمرت حركة حماس بحرب "لا تستثني أحداً فيها" بعد مقتل إسرائيلي في قصف على سديروت في 2008/2/27، حين قال "في الحرب التي نشنها، لا أحد في حماس سيكون محصناً لا في المستويات الدنيا ولا في أعلى المستويات القيادية"[124]. واعتبر الوزير ونائب رئيس الشاباك السابق جدعون عزرا Gideon Ezra في تصريح لإذاعة الجيش الإسرائيلي أنه "يتوجب ضرب مرسلي مطلقي صواريخ القسام ومرسلي مرسليهم... موقفي الشخصي هو أنه يتوجب المسّ برئيس حكومة حماس في غزة إسماعيل هنية". كما أنه دعا أيضاً إلى تقليص إمداد قطاع غزة

بالوقود في سبيل الضغوط للحد من إطلاق الصواريخ الفلسطينية[125].

ودعا نائب رئيس الحكومة إيلي يشاي Eli Yishai الحكومة إلى اتخاذ قرار بشنّ عملية عسكرية كبيرة في القطاع، وقال إن "المطلوب هو الحسم... لأن البديل هو الكارثة". فيما تساءل وزير النقل والمواصلات شاؤول موفاز Shaul Mofaz: "لماذا لم يتمّ بعد استهداف محمود الزهار المسؤول عن تشجيع القصف؟"[126].

ولم يوفر هذا التيار الوسائل من أجل حشد التأييد الدولي لطريقة معالجته لمعضلة الصواريخ، حيث قامت وزيرة الخارجية الإسرائيلية تسيبي ليفني Tzipi Livni، في 2006/11/23 باصطحاب وفد مكون من 70 ديبلوماسياً أجنبياً، للقيام بجولة على مدينة سديروت والتقوا عدداً من طلاب المدارس واستمعوا منهم عن المعاناة من الصواريخ الفلسطينية، كما زاروا مواقع سقوط الصواريخ ومركز للشرطة يحوى على مخلفات صواريخ لم تنفجر كلياً[127].

وقامت "إسرائيل"، بناءً على اقتراح وزارة الخارجية، في 2007/5/25 بإرسال صواريخ القسام التي وقعت على سديروت والنقب الغربي، إلى سفاراتها في بريطانيا وفرنسا ومعظم دول الاتحاد الأوروبي في إطار الحملة الإعلامية[128]. وخلال حملة "الشتاء الساخن" على قطاع غزة، أفادت صحيفة جيروزاليم بوست The Jerusalem Post في 2008/2/29 أن "إسرائيل" قامت بحملة عالمية تهدف لإبلاغ المجتمع الدولي بأنها عاقدة العزم على اجتياح القطاع، حيث أُطلع باراك مبعوث الرباعية الدولية توني بلير Tony Blair، على آخر المستجدات على الساحة الإسرائيلية الفلسطينية. كما هاتف عمر سليمان، وزير المخابرات المصرية، مبرراً له الحملة الإسرائيلية بقوله "إن إسرائيل لم تعد تحتمل أكثر من

ذلك، وأنها ملزمة تجاه مواطنيها بالدفاع عنهم"[129]. إضافة لذلك، أعلنت وزارة الخارجية الإسرائيلية يوم 2008/4/6 أنها ستفتتح ممثلية لها في بلدة سديروت تسهم في الحملة الإعلامية الإسرائيلية التي تعرض المدينة على أنها منكوبة وأنها ضحية صواريخ غزة[130].

وعلى الرغم من توجه الحكومة الإسرائيلية لمعالجة مسألة الصواريخ عسكرياً إلا أنها قدمت مقايضات لحركة حماس وحكومة إسماعيل هنية المقالة تقضي بأن يرفع الحصار عن غزة مقابل وقف حماس إطلاق الصواريخ ومحاربة الحكومة مطلقي الصواريخ من التنظيمات الأخرى، الأمر الذي رفضته الحكومة وحماس، فقد قالت ليفني خلال لقائها وزير الخارجية الهولندي ماكسيم فيرهاجن Maxime Verhagen في 2008/1/21 "إن حركة حماس تعلم أنه خلال دقيقة واحدة يمكنها فكّ الحصار عن القطاع، وذلك إذا أوقفت إطلاق صواريخ القسام باتجاه جنوب إسرائيل. وأشارت إلى أنه على السكان الفلسطينيين أن يعلموا بهذه الحقيقة"[131].

أما التيار الثاني فقد تمثل باليسار الإسرائيلي الذي طالب بمعالجة الأزمة سياسياً وفتح باب الحوار مع حركة حماس. حيث رأى رئيس حزب ميرتس Meretz يوسي بيلين Yossi Beilin أنه "ليس أمام إسرائيل من حلّ الآن لوقف الصواريخ الفلسطينية سوى الهدنة [مع حماس] التي ستتيح لنا الانتهاء من تطوير أنظمة دفاعية لاعتراض الصواريخ القصيرة المدى"[132].

وعلى المستوى الشعبي ذكر استطلاع إسرائيلي للرأي العام نُشر في 2008/2/27 في صحيفة هآرتس أن 64% من الإسرائيليين يؤيدون إجراء مباحثات مع حماس التي تسيطر على قطاع غزة، وذلك لإنهاء الهجمات الصاروخية من القطاع، ولضمان الإفراج عن الجندي الإسرائيلي شاليط[133].

وفي منتصف تشرين الثاني/ نوفمبر 2006 قام المئات من سكان مدينة سديروت بالنزوح من المدينة بسبب الهجمات الصاروخية، حيث لبوا دعوة الملياردير الإسرائيلي ذي الأصول الروسية أركادي غايداماك Arkady Gaydamak، الذي دعاهم على حسابه الخاص لقضاء مدة أسبوع في أحد الفنادق، وقد أمن عشرات الباصات لعملية النقل هذه، حيث اعتبر هذا التصرف في سياق الترويج السياسي على حساب معاناة ساكني سديروت[134].

وفي أول ردّ من نوعه منذ بداية الانتفاضة الثانية هدد متظاهرون إسرائيليون يقطنون مدينة عسقلان، في تظاهرة وسط المدينة في 2008/3/5، بإطلاق صواريخ، كانوا قد أنتجوها محلياً، باتجاه أهداف فلسطينية في غزة[135]. كما طالبت عشر أسر إسرائيلية بتعويضات من الحكومة المصرية، بدعوى فشلها في منع تسلل المسلحين الفلسطينيين، ومنعهم من إطلاق صواريخ القسام على المدن الإسرائيلية، ومنها سديروت حيث يقطنون[136].

أما على المستوى الديني فقد أصدرت "رابطة حاخامات أرض إسرائيل" في 2008/3/5 فتوى غير مسبوقة تبيح للجيش الإسرائيلي قصف التجمعات المدنية الفلسطينية، وجاء في الفتوى "عندما يقوم السكان الذين يقطنون في مدن تتاخم مستوطنات ومدناً يهودية بإطلاق قذائف على المستوطنات اليهودية بهدف إحداث القتل والتدمير، فإن التوراة تجيز أن يتمّ إطلاق قذائف على مصدر النيران حتى لو كان يوجد فيه سكان مدنيون"[137].

عاشراً: المواقف العربية من الصواريخ الفلسطينية

اتسم الموقف العربي بشكل عام بمعارضة إطلاق الصورايخ تجاه "إسرائيل"، وعدّ البعض أن لا جدوى منها سوى إعطاء "إسرائيل" ذريعة أمام العالم لضرب الشعب الفلسطيني.

حيث حمّل الرئيس المصري حسني مبارك كلاً من "إسرائيل" وحركة حماس مسؤولية الوضع في غزة. ورأى أن حماس من خلال إطلاقها الصواريخ تعطي "إسرائيل" فرصة للوصول إلى هذا الوضع الصعب والمعقد، مطالباً حركة حماس بوقف إطلاق الصواريخ[138]. كما أن رئيس الاستخبارات المصرية عمر سليمان اعتبر أن حركة الجهاد الإسلامي ارتكبت خطأ كبيراً حين أطلقت صواريخ كاتيوشا على مدينة عسقلان (أشكلون)، موضحاً أن هذه هي المرة الأولى التي يحدث فيها ذلك؛ وبيّن أن صواريخ القسام التي تطلقها حركة حماس هي عبارة عن مواسير ومفعولها محدود، لكن صواريخ الكاتيوشا تسبب دماراً وخراباً واسعين. ورأى أن "إسرائيل" تتصرف أمام العالم كأنها تقوم بردّ فعل على إطلاق هذه الصواريخ، فتبدو كأنها تدافع عن نفسها، لذلك فهي لا تسمح بأي ضغوط، إن وجدت، لتثنيها عما قررت القيام به. أما السفير المصري السابق في "إسرائيل" محمد بسيوني فقد اتهم حماس بأنها تعمل وفقاً لأجندات خاصة، وبأنها من خلال إطلاقها الصواريخ على جنوب "إسرائيل" تعطي المبررات للإسرائيليين لسحق الفلسطينيين من دون الالتفات لمصالح هذا الشعب؛ لأن الحركة تتلقى أموالاً من إيران[139]. حتى

إن شيخ الأزهر محمد سيد طنطاوي، أكد تأييده لموقف الرئيس محمود عباس من إطلاق الصواريخ التي اعتبرها "عبثية"، وتجرّ ويلات كبيرة على الشعب الفلسطيني ولا طائل منها[140].

وفي الأردن انتقد وزير الداخلية الأردني الأسبق المهندس سمير حباشنة، صواريخ حماس ووصفها "بالفتاشات" التي لن تحرر الأرض الفلسطينية بل تجرّ الويلات على الشعب الفلسطيني[141].

وفي السعودية انتقد الملك عبد الله بن عبد العزيز إطلاق الصواريخ الفلسطينية، ورأى أنها لا تفيد وتعطي "إسرائيل" فرصة للردّ رداً مدمراً كل مرة[142].

حادي عشر: المواقف الدولية من الصواريخ الفلسطينية

1. موقف الأمم المتحدة:

حرص الموقف الدولي على إدانة إطلاق الصورايخ الفلسطينية باتجاه "إسرائيل"، واعتبر في المقابل أن ما تقوم به "إسرائيل" حقّ شرعي لها للدفاع عن أراضيها، وعدّها البعض العائق الأكبر أمام عملية السلام.

حيث ربط الأمين العام للأمم المتحدة بان كي مون Ban Ki–moon، بين إطلاق الصواريخ ومعاناة الشعب الفلسطيني في غزة، فقد صرّح في جنيف في 2004/1/23، بأن إطلاق الصواريخ من قطاع غزة باتجاه "إسرائيل" "يجب أن يتوقف فوراً" وأن على الإسرائيليين إنهاء "العقاب الجماعي" الذي يفرضونه على القطاع. مشدداً على "الحقّ الشرعي لإسرائيل في الدفاع عن أراضيها"[143].

كما أدان منسق الأمين العام للأمم المتحدة لعملية السلام في الشرق الأوسط روبرت سري Robert Seri استمرار تدفق القذائف والصواريخ من غزة على "إسرائيل" إدانة قاطعة، معتبراً أنها تشكل العرقلة الأكبر أمام التقدم في مفاوضات السلام من وجهة النظر الإسرائيلية[144].

وبدورها شددت اللجنة الرباعية الدولية على ضرورة قيام "إسرائيل" بوقف هجماتها على غزة، مقابل وقف الهجمات الصاروخية على المستعمرات[145].

كما انتقدت لويز اربور Louise Arbour، مفوضة الأمم المتحدة السامية لحقوق الإنسان، في كلمتها يوم الخميس في 2008/1/24، "إسرائيل"

بسبب "الاستخدام المفرط للقوة والقتل المستهدف"، وانتقدت في المقابل إطلاق النشطاء الفلسطينيين للصواريخ على "إسرائيل"[146].

كما أن منظمة "هيومن رايتس ووتش" Human Rights Watch للدفاع عن حقوق الإنسان انتقدت في تقريرها السنوي الحصار المفروض على غزة، وبالتوازي رأت أن مواصلة المجموعات المسلحة الفلسطينية "هجماتها العشوائية بالصواريخ على مناطق مأهولة في إسرائيل انتهاك للقانون الدولي"[147].

2. موقف الولايات المتحدة الأمريكية:

لقد ربط الرئيس الأمريكي جورج بوش George Bush موقفه من الصواريخ الفلسطينية بالموقف الإسرائيلي، حيث صرح لدى وصوله إلى مطار تل أبيب في 2008/1/9 على ضرورة وقف إطلاق الصواريخ باتجاه جنوب "إسرائيل" قبل التوصل إلى سلام إسرائيلي – فلسطيني. وشدد بالقول على أنه لا يمكن للرئيس الفلسطيني محمود عباس أن يتوقع من الإسرائيليين، وهو أيضاً لا يتوقع منهم، قبول دولة على حدودهم ستصبح منصة لانطلاق النشاطات الإرهابية[148]. أما وزيرة الخارجية الأمريكية كوندوليزا رايس، فقد حمّلت حركة حماس المسؤولية عن الموقف الصعب في غزة. واعتبرت أن الإسرائيليين يتعاملون مع موقف "لا يحتمل"، حسب وصفها، من خلال إطلاق الصواريخ على "وطن اليهود" وما يصحب ذلك من قلق ورعب[149]. واعتبر السفير الأمريكي زلماي خليل زاده Zalmay Khalilzad أن حماس "لو كانت مهتمة" بالفلسطينيين ومستقبلهم "لوضعت حداً" للصواريخ على "إسرائيل" "ولتخلّت عن سيطرتها غير الشرعية" على قطاع غزة[150]. وفي 2008/3/6 أصدر

الكونجرس الأمريكي، قراراً بأغلبية 404 أصوات ضدّ صوت واحد أدان فيه الهجمات الصاروخية الفلسطينية على الأراضي الإسرائيلية، وبرر في المقابل العمليات العسكرية التكتيكية التي قامت بها القوات الإسرائيلية في قطاع غزة[151].

3. موقف الاتحاد الأوروبي:

لم يختلف الموقف الأوروبي كثيراً عن باقي المواقف الدولية عموماً، حيث حرص على إدانة إطلاق الصواريخ الفلسطينية وإن كانت التصريحات قد ربطت بين ضرورة وقف إطلاق الصواريخ، ومطالبة "إسرائيل" بضرورة تجنب إيقاع الأذى بالمدنيين من الفلسطينيين أو التسبب لهم بالمعاناة نتيجة الحصار المفروض على قطاع غزة. ففي 2008/3/2 أدانت رئاسة الاتحاد الأوروبي في بيان لها، هجمات "إسرائيل" على الفلسطينيين. كما أدانت في المقابل إطلاق الفلسطينيين للصواريخ من غزة على "إسرائيل"[152]. بينما دعا وزير الدولة البريطاني للشؤون الخارجية كيم هاولز Kim Howells الجيش الإسرائيلي إلى ممارسة ضبط النفس وتجنب إيقاع الأذى بالمدنيين، في الوقت الذي دعا فيه الأطراف المعنية في غزة إلى "بذل قصارى جهودها لمنع إطلاق الصواريخ"[153].

أما المتحدث الرسمي باسم وزارة الخارجية الألمانية مارتن ييغر، فاعتبر أن الصواريخ التي تطلق من قطاع غزة هي السبب لما يحدث، ويجب إيقافها[154].

4. موقف الاتحاد الروسي:

لقد حرصت روسيا على أن لا تؤثر المواجهات العسكرية بين الفلسطينيين والإسرائيليين على فرص التسوية السياسية. حيث دعا وزير

الخارجية الروسي سيرجي لافروف Sergey Lavrov، في اتصال هاتفي مع رئيس المكتب السياسي لحركة حماس خالد مشعل، إلى العمل على وقف إطلاق الصواريخ من قطاع غزة على جنوب "إسرائيل". كما أن بياناً للخارجية الروسية أشار إلى أن لافروف تمنى "على طرفي النزاع بذل أقصى الجهود لوقف العنف والمواجهات، وتسهيل إقامة الظروف الملائمة لدفع التسوية السياسية الإسرائيلية الفلسطينية قدماً"[155]. أما نائب وزير الخارجية الروسي ألكسندر سلطانوف Alexander Saltanov فقد رأى أنه لا يمكن إغفال عمليات مثل إطلاق الصواريخ على الأراضي الإسرائيلية؛ لأنها تسبب التوتر في الوضع السياسي[156].

خاتمة

لم تمتلك المقاومة في الأراضي الفلسطينية الصواريخ إلا في السنوات الأخيرة من الصراع مع الاحتلال الإسرائيلي، وجاء ذلك نتيجة للظروف الميدانية الصعبة التي عاشتها المقاومة، وإثباتاً أن هذه المقاومة لن تعدم الوسيلة من أجل استرجاع الحقوق الفلسطينية على الرغم من كل الظروف. خصوصاً بعد أن عمل المجتمع الدولي على السير خلف الرواية الإسرائيلية ومحاسبة الشعب الفلسطيني على نواياه بالرغبة في تدمير "إسرائيل"، دون الالتفات إلى حقوق هذا الشعب المقرة ضمن قرارات دولية تكتسب الشرعية من كافة هيئات المجتمع الدولي، ودون السعي لإلزام "إسرائيل" بتنفيذها.

لم تثبت الوقائع أن الصواريخ الفلسطينية كانت السبب وراء الاعتداءات الإسرائيلية، فالاعتداءات متواصلة قبل وجود هذه الصواريخ، وموجودة في أماكن لم تطلق منها صواريخ كالضفة الغربية، كما أن الاعتداءات كانت في معظمها تسبق إطلاق الصواريخ. فضلاً عن ذلك فإن المقاومة بعرف كل الشرائع لا تولد إلا نتيجة للاحتلال، ورفضاً له وتمسكاً بالحقوق الوطنية. لذا لا يمكن الإقرار لأي محتل والتعاطف مع اتهاماته بأن المقاومة تلحق به الأذى وتعتدي عليه. كما أن المواقف والوقائع تدل على أن العداء لهذه الصواريخ لم يكن إلا لأنها أعطت المقاومة نقطة قوة يخشى من تصاعدها في ميزان الصراع مع الاحتلال.

استطاعت الصواريخ الفلسطينية، وخصوصاً بعد أن طورتها المقاومة الفلسطينية رغم كل المعوقات والتضييق، التعويض إلى حدٍّ ما عن العمليات

الاستشهادية التي حالت أو عرقلت الظروف الميدانية من القيام بها، كما أنها سحبت ذريعة كان البعض يعدّها ذريعة أخلاقية، وهي أن الفلسطينيين يدفعون بأبنائهم إلى الموت من أجل قتل أعدائهم. فكانت الصواريخ وسيلة لإلحاق الضرر بالاحتلال، دون ضرورة إرسال استشهاديين إلى مواقع تواجد هذا الاحتلال.

الهوامش

[1] صاروخ القسام: نقلة استراتيجية تنخر في القوة العسكرية الإسرائيلية، المركز الفلسطيني للإعلام، انظر:

http://www.palestine-info.net/arabic/palestoday/reports/
report2004/sarook.htm

[2] Time Magazine, 11/2/2002, see:

http://www.time.com/time/world/article/0,8599,202159,00. html

[3] News Network (CNN), 5/3/2002, see:

Qassam-2 missile a wild card in Mideast conflict, Central

http://edition.cnn.com/2002/WORLD/meast/0212//qassam.facts/
index.html

[4] إطلاق الصواريخ وقذائف الهاون على إسرائيل من قطاع غزة خلال الأعوام 2001-2007، مركز المعلومات حول الاستخبارات والإرهاب في مركز تراث الاستخبارات (م.ت.س)، 2008/1/9، انظر:

http://www.terrorism-information.com/?act=articles&id=966&si
d=18&ssid=0

[5] Charles Levinson, "Zahar interview," Conflict blotter, 21/8/2007, see:

http://conflictblotter.com/2007/08/21/zahar-interview/

[6] نشرة واشنطن، مكتب برامج الإعلام الخارجي بوزارة الخارجية الأمريكية، 2008/3/4، انظر:

http://usinfo.state.gov/xarchives/display.html?p=washfilearabic&y
=2008&m=March&x=20080304150222bsibhew0.801469

[7] فضائية الجزيرة، برنامج في ضيافة البندقية... كتائب الشهيد القسام ج1، 2006/7/3، انظر:

http://www.aljazeera.net/NR/exeres/29521D85-04E9-4C2D-BF0
B-562B6F845406.htm

[8] عدنان أبو عامر، "صاروخ القسام... إعجاز المقاومة وعجز الاحتلال،" موقع الجزيرة نت، 2007/5/30، انظر:

http://www.aljazeera.net/NR/exeres/99FF30C0-A5ED-43B5-
8776-A2073A2A4C31.htm

[9] نائل نخلة، "صواريخ القسام: الابتكار والآثار" مجلة **البيان**، السعودية، 2007/9/12، انظر:

http://www.albayan-magazine.com/bayan-240/bayan-11.htm

[10] **المصدر نفسه.**

[11] Ulrike Putz, "A Visit to a Gaza Rocket Factory," *Der Spiegel*, 29/1/2008, see:

http://www.spiegel.de/international/world/0,1518,531578,00.html

[12] Qassam-2 missile a wild card in Mideast conflict.

[13] التطوير النوعي لسلاح المقاومة الفلسطينية، المركز الفلسطيني للإعلام، 2003/4/25، انظر:

http://www.palestine-info.com/arabic/hamas/glory/tatwer.htm

[14] زكي شهاب، **حماس من الداخل** (بيروت: الدار العربية للعلوم ناشرون، 2008)، ص 86.

[15] فضائية الجزيرة، مصدر سابق.

[16] نائل نخلة، **مصدر سابق.**

[17] Qassam Rocket, Global Security Organization, see:

http://www.globalsecurity.org/military/world/para/hamas-qassam.htm

[18] "Homemade" Rockets?, HonestReporting, 6/4/2006, see:

http://www.honestreporting.com/articles/45884734/critiques/-Homemade-Rockets$.asp

[19] إطلاق الصواريخ وقذائف الهاون على إسرائيل من قطاع غزة خلال الأعوام 2001-2007.

[20] المصدر نفسه.

[21] Margaret Weiss, "Weapon of Terror: Development and Impact of the Qassam Rocket," The Washington Institute for Near East Policy, 11/3/2008, see:

http://www.washingtoninstitute.org/templateC05.php?CID=2728

[22] جريدة **الشرق الأوسط**، لندن، 2008/2/24.

[23] إطلاق الصواريخ وقذائف الهاون على إسرائيل من قطاع غزة خلال الأعوام 2001-2007.

[24] جريدة **الخليج**، (الشارقة) الإمارات، 2007/6/7.

[25] *Yedioth Ahronoth*, 27/3/2008, see:

http://www.ynetnews.com/articles/0,7340,L-3524233,00.html

26 *Haaretz*,28/3/2008, see:
http://www.haaretz.com/hasen/spages/969359.html

27 **الشرق الأوسط**، 2008/3/29.

28 *Haaretz*, 9/2/2008, see:
http://www.haaretz.com/hasen/spages/952321.html

29 Katyusha & Qassam Rockets, Aerospace Organization, see:
http://www.aerospaceweb.org/question/weapons/q0279.shtml; and Qassam Rocket, Global Security Organization.

30 إطلاق الصواريخ وقذائف الهاون على إسرائيل من قطاع غزة خلال الأعوام 2001–2007.

31 Palestinian Weapons Production & Smuggling, Weaponsurvey, see:
http://www.weaponsurvey.com/missilesrockets.htm

32 إطلاق الصواريخ وقذائف الهاون على إسرائيل من قطاع غزة خلال الأعوام 2001–2007.

33 Palestinian Weapons Production & Smuggling.

34 جريدة **الأيام**، رام الله، 2008/5/15.

35 إطلاق الصواريخ وقذائف الهاون على إسرائيل من قطاع غزة خلال الأعوام 2001–2007.

36 Margaret Weiss, op. cit.

37 حوار مع الخبير الاقتصادي الدكتور سامي أبو ظريفة، مجلة **الزاوية الاقتصادية**، غزة، كانون الثاني/ يناير 2005.

38 إطلاق الصواريخ وقذائف الهاون على إسرائيل من قطاع غزة خلال الأعوام 2001–2007.

39 مجلة **فلسطين المسلمة**، بيروت، السنة 24، العدد 12، كانون الأول/ ديسمبر 2006.

40 موقع عرب 48، 2008/4/3، انظر:
http://www.arabs48.com/display.x?cid=6&sid=7&id=53178

41 عرب 48، 2005/8/3، انظر:
http://www.arabs48.com/display.x?cid=6&sid=7&id=30173

42 **الشرق الأوسط**، 2008/2/9.

43 جريدة **الحياة الجديدة**، رام الله، 2008/2/20.

44 **الأيام**، رام الله، 2007/3/16.

45 عرب 48، 2008/1/1، انظر:
http://www.arabs48.com/display.x?cid=19&sid=57&id=51113

[46] موقع وزارة الخارجية الإسرائيلية، 2007/8/23، انظر:
http://www.altawasul.net/MFAAR/anti+terrorism/terrorist+attacks/qassam%20from%20gaza%20august%202007%2023082007

[47] وزارة الخارجية الإسرائيلية، 2008/1/22، انظر:
http://www.altawasul.net/MFAAR/anti+terrorism/hamas+war+against+israel/Statements+to+the+Security+Council-+The+situation+in+Gaza+and+Sderot+22012008.htm

[48] وزارة الخارجية الإسرائيلية، 2008/3/6، انظر:
http://www.altawasul.net/MFAAR/anti+terrorism/hamas+war+against+israel/hamas+war+against+israel+26022008.htm

[49] مركز المعلومات حول الاستخبارات والإرهاب، 2008/3/4، انظر:
http://www.terrorism-information.com/?act=articles&id=1043&sid=17&ssid=0

[50] المصدر نفسه.

[51] مجلة **قساميون**، العدد 5، كانون الأول/ ديسمبر 2007، ص 9.

[52] إطلاق الصواريخ وقذائف الهاون على إسرائيل من قطاع غزة خلال الأعوام 2001-2007.

[53] المصدر نفسه.

[54] جريدة **القدس العربي**، لندن، 2008/2/28؛ ومركز المعلومات حول الاستخبارات والإرهاب، 2008/5/15، انظر:
http://www.terrorism-information.com/?act=news&id=117&sid=0&ssid=0

[55] إطلاق الصواريخ وقذائف الهاون على إسرائيل من قطاع غزة خلال الأعوام 2001-2007.

[56] وكالة معاً الإخبارية، 2008/1/14، انظر:
http://www.maannews.net/ar/index.php?opr=ShowDetails&ID=96758

[57] **الخليج**، 2007/12/12.

[58] الموقع الرسمي للجان المقاومة الشعبية - ألوية الناصر صلاح الدين، 2008/2/20، انظر:
http://www.moqawmh.com/ara/index.php?act=News&id=1232

59 **الشرق الأوسط**، 2008/3/1.

60 المركز الفلسطيني للإعلام، 2007/6/4، انظر:
http://www.palestine-info.info/ar/default.aspx?xyz=U6Qq7k%2b
cOd87MDI46m9rUxJEpMO%2bi1s7ExnOdX8tJD9z9jdVJrDUcz9
f9aE7 %2f%2bh5GqsHeZ4pOPluE4Ulz5YO7fuf9ZWSWvhPq%2fz
QWEGgKWYCXWNQFB8ouw7buomCCbgz8iYCMA7Fmq0% 3d

61 جريدة **السفير**، بيروت، 2007/12/17.

62 الموقع الرسمي للجان المقاومة الشعبية – ألوية الناصر صلاح الدين، 2008/2/20.

63 Yedioth Ahronoth, 21/12/2008, see:
http://www.ynetnews.com/articles/0,7340,L-3485190,00.

64 Yedioth Ahronoth, 20/5/2007, see:
http://www.ynet.co.il/english/articles/0,7340,L-3402225,00.html

65 الجهاز المركزي للإحصاء الفلسطيني، انظر:
http://www.pcbs.gov.ps/Portals/_pcbs/intifada/3c03800e-2a79-
4234-9f86-c1996354f4c1.htm

66 المركز الفلسطيني لحقوق الإنسان، انظر:
http://www.pchrgaza.org/arabic/statists intifada.html

67 وكالة قدس برس، 2008/5/1، انظر:
http://www.qudspress.com/look/sarticle.tpl?IdLanguage=17&IdP
ublication=1&NrArticle=39455&NrIssue=1&NrSection=3

68 الجهاز المركزي للإحصاء الفلسطيني، انظر:
http://www.pcbs.gov.ps/Portals/_pcbs/intifada/e41be2fa-1482-
4cf0-97fe-2ff3aa2832bf.htm

69 مركز المعلومات الإسرائيلي لحقوق الإنسان في الأراضي المحتلة – بتسيلم، انظر:
http://www.btselem.org/arabic/Press_Releases/20080303.asp

70 **الخليج**، 2008/3/6.

71 المركز الفلسطيني للتوثيق والمعلومات، 2008/5/26، انظر:
http://www.malaf.info/?page=show_details&Id=2881&table=pa_
documents&CatId=26

72 شبكة فراس الإعلامية: فراس برس، 2007/5/31، انظر:
http://fpnp.net/arabic/?action=detail&id=27148

73 جريدة **الحياة**، لندن، 2007/8/24.

74 **الحياة**، 2007/9/27.

[75] الشرق الأوسط، 2008/3/2.

[76] جريدة الغد، عمّان، 2008/3/11.

[77] القدس العربي، 2008/1/22.

[78] الحياة، 2008/1/22.

[79] الخليج، 2008/2/15.

[80] القدس العربي، 2005/8/4.

[81] القدس العربي، 2007/6/28.

[82] الغد، 2008/1/27.

[83] الحياة، 2008/1/20.

[84] الخليج، 2008/3/2.

[85] جريدة عكاظ، جدّة، 2008/2/10.

[86] عكاظ، 2008/2/16.

[87] الخليج، 2008/3/1.

[88] الشرق الأوسط، 2008/2/28.

[89] عكاظ، 2007/6/11.

[90] الشرق الأوسط، 2007/6/7.

[91] وكالة معاً، 2008/1/21، انظر:
http://www.maannews.net/ar/index.php?opr=ShowDetails&ID=97695

[92] الحياة، 2007/6/1.

[93] القدس العربي، 2008/1/17.

[94] جريدة العرب، قطر، 2008/2/29.

[95] القدس العربي، 2008/3/4.

[96] جريدة الشرق، قطر، 2008/3/23.

[97] وكالة قدس للأنباء، 2007/12/17، انظر:
http://www.qudsnews.net/kotob/058.htm

[98] فضائية العربية، برنامج ضيف وحوار، 2004/8/6، انظر:
http://www.alarabiya.net/programs/2004/08/08/5562.html#003

[99] جريدة الاتحاد، أبو ظبي (الإمارات)، 2008/3/12.

[100] جريدة البيان، دبي (الإمارات)، 2007/8/10.

[101] مقابلة النائب جميل المجدلاوي عضو المكتب السياسي للجبهة الشعبية مع قناة الجزيرة مباشر، موقع وطن برس، تشرين الأول/ أكتوبر 2007، موقع وطن برس، انظر:
www.watanpress.com/interview.php?go=fullinterview&interviewi d=20

102 بثينة حمدان، "صواريخ الفصائل الفلسطينية ملف يأبى الإقفال،" جريدة القبس، الكويت، 2008/3/17.

103 جريدة الدستور، عمّان، 2006/7/25.

104 فضائية العربية، برنامج بالعربي، 2007/8/2، انظر:
http://www.alarabiya.net/programs/2007/08/04/37472.html

105 وكالة سما الإخبارية، 2007/12/14، انظر:
http://www.samanews.com/index.php?id=details&sid=31142

106 الغد، 2008/3/12.

107 كان صاروخاً من نوع كاتيوشا سقط في 2008/1/3 وتبنت الجبهة الشعبية — القيادة العامة مسؤولية إطلاقه، وكالة سما، 2008/1/4، انظر:
http://www.samanews.com/index.php?id=details&sid=31968

108 القدس العربي، 2008/1/4.

109 Haaretz, 15/5/2008, see:
http://www.haaretz.com/hasen/spages/983704.html

110 Yedioth Ahronoth, 25/5/2008, see:
http://www.ynetnews.com/articles/0,7340,L-3547680,00.html

111 الدستور، 2008/5/25.

112 موقع بي بي سي العربية، 2007/12/23، انظر:
http://news.bbc.co.uk/hi/arabic/middle_east_news/newsid_7158000/7158708.stm

113 الدستور، 2008/2/23.

114 موقع إيلاف، 2008/4/22، انظر:
http://www.elaph.com/ElaphWeb/Politics/2008/4/323755.htm

115 الحياة الجديدة، 2008/2/27.

116 الخليج، 2008/3/3.

117 الخليج، 2008/3/4.

118 الدستور، 2008/3/7.

119 وكالة سما، 2008/1/12، انظر:
http://www.samanews.com/index.php?id=details&sid=32320

120 وكالة معاً، 2007/12/13، انظر:
http://www.maannews.net/ar/index.php?opr=ShowDetails&ID=93327

121 عرب 48، 2007/12/13، انظر:
http://www.arabs48.com/display.x?cid=6&sid=6&id=50739

122 Yedioth Ahronoth, 29/2/2008, see:
http://www.ynetnews.com/articles/0,7340,L-3512978,00.html

123 القدس العربي، 2008/3/6.

124 الحياة الجديدة، 2008/2/28.

125 جريدة النهار، بيروت، 2008/3/2.

126 الحياة، 2008/2/11.

127 Yedioth Ahronoth, 14/3/2008, see:
http://www.ynetnews.com/articles/0,7340,L-3331821,00.html

128 الدستور، 2007/5/26.

129 Jerusalem Post, 29/2/2008, see:
http://www.jpost.com/servlet/Satellite?cid=1204127200827&page
name=JPost%2FJPArticle%2Fshow Full

130 عرب 48، 2008/4/6، انظر:
http://www.arabs48.com/display.x?cid=6&sid=6&id=53243

131 Yedioth Ahronoth, 21/1/2008, see:
http://www.ynet.co.il/english/articles/0,7340,L-3497009,00.html

132 الحياة، 2008/3/1.

133 Haaretz, 27/2/2008, see:
http://www.haaretz.com/hasen/spages/958473.html

134 Jerusalem Post, 16/11/2006, see:
http://www.jpost.com/servlet/Satellite?cid=1162378411894&page
name=JPost%2FJPArticle%2FShowFull

135 وكالة معاً، 2008/3/5، انظر:
http://www.maannews.net/ar/index.php?opr=ShowDetails&ID=1
03458

136 جريدة المصريون، مصر، 2008/2/26.

137 الشرق الأوسط، 2008/3/6.

138 الغد، 2008/1/24.

139 الحياة، 2008/3/3.

140 جريدة الحقائق، لندن، 2008/3/3.

141 جريدة الرأي، عمّان، 2008/2/4.

142 الحياة، 2005/11/27.

143 الحياة، 2008/1/24.

[144] الحياة، 2008/2/27.

[145] الخليج، 2008/1/22.

[146] الدستور، 2008/1/25.

[147] وكالة سما، 2008/3/31، انظر:

http://www.samanews.com/index.php?id=details&sid=33083

[148] القدس العربي، 2008/1/10.

[149] الدستور، 2008/1/23.

[150] الحياة، 2008/1/23.

[151] عكاظ، 2008/3/7.

[152] وكالة رويترز، 2008/3/2، انظر:

http://ara.reuters.com/article/topNews/idARAOLR2581392
0080302

[153] الخليج، 2008/1/5.

[154] موقع إيلاف، 2008/1/22، انظر:

http://www.elaph.com/ElaphWeb/Politics/2008/1/298174.htm

[155] وكالة معاً، 2008/1/22، انظر:

http://www.maannews.net/ar/index.php?opr=ShowDetails&ID=
97746

[156] القدس العربي، 2008/1/23.

Printed in the United States
By Bookmasters